지친
무용수를
일으켜주는

무용 심리학

—

부상
스트레스
다이어트
슬럼프
심리검사

HY COLLECTION 035

PSYCHOLOGY OF DANCE VOL.2

지친 무용수를 일으켜주는

무용 심리학

부상
스트레스
다이어트
슬럼프
심리검사

황규자 김경영
김수경 이로사
장지은 정다진
조준희 홍나리
지음

한양대학교 출판부

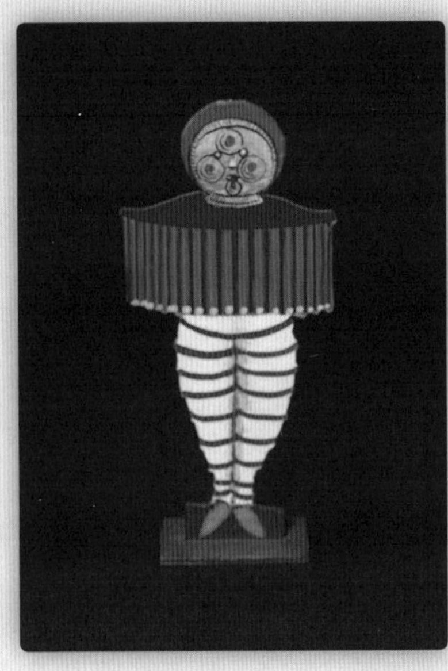

머리말

춤을 배우면서, 추면서, 또 가르치면서
항상 머릿속에 맴도는 생각이 있었습니다.
"어떻게 하면 더 행복하게 춤을 출 수 있을까?"
춤출 때 가장 빛나는 여러분들이,
춤 때문에 지치지 않기를 바라는 마음으로 이 책을 시작하게 되었습니다.

『지친 무용수를 일으켜주는 무용심리학』은 '부상 이전으로 돌아가는 타임머신-부상', '스트레스 요리하기-스트레스', '캐러멜 프라푸치노의 유혹-다이어트', '기다려, 구해줄게!-슬럼프', '나의 마음 들여다보기-심리검사' 등 총 다섯 장으로 구성해보았습니다. 무용을 하다가 어느 순간 열정이 식어버리는 이유는? 도대체 어디로 사라지는 것일까? 슬럼프는 왜 끊임없이 오는 것일까? 크고 작은 부상은 어떻게 대처해야 이겨낼 수 있을까? 지난 30여 년, 수많은 무용 전공 대학생들에게 질문을 던지고 함께 답을 찾아가는 무용심리학 수업을 지속해오면서 완성된 책입니다.

어려울 땐, 다시 또 하면 됩니다.
아플 땐, 잘 치료받고 잘 회복하면 됩니다.
힘들 땐, 같이 나누고 위로받으면 됩니다.

무용을 하다가 자칫 어두워진 나를 마주했을 때,
숨거나 도망치지 말고 내 마음을 어루만지는 시간을 가져보기 바랍니다.

이 책이 지친 여러분을 다시 일으켜주는 처방전이 되어줄 수 있으면 좋겠습니다.

저자들을 대표하여 황규자

차례

injury

#1

부상

부상 이전으로 돌아가는 타임머신

What is Injury?

무용수의 과도한 연습과 긴장, 유연성과 테크닉의 부족, 휴식의 부족 및 무리한 다이어트로 인한 집중력 저하와 신체적 무기력 등 여러 가지 원인들로 인해 발생되는 신체적 손상을 말한다. 이러한 신체적 및 심리적 부상은 무용수의 실기능력을 저하시킬 뿐 아니라 무용수로서의 복귀가 힘들어질 수도 있다. 또한 부상은 무용수들에게 언제든 발생할 수 있기 때문에 철저한 예방에 힘쓰고 완전히 치유할 수 있도록 끝까지 노력해야 한다.

Q 부상을 당했던 경험이 있나요? 어떻게 부상을 당하게 되었나요?

When?

Where?

Why?

How?

«1»
부상의 원인

무용부상을 일으키는 원인은 환경적 요인, 테크닉적 요인, 심리적 요인 및 신체적 요인과 생활습관 등 매우 다양하다. 무용수들을 괴롭히는 부상의 원인들과 그 사례들을 살펴보자.

1) 환경적 요인

열악한 연습실 및 익숙하지 않은 무대 환경은 부상의 빈도를 높일 수 있다. 예를 들어 공간의 바닥은 탄성이 좋아 점프 후 착지 시 충격을 완화해주는 소재여야 하며, 그렇지 않을 경우 충격으로 인한 큰 부상으로 연결될 수 있다. 또한 연습실과 무대의 적정한 온도는 무용수들이 부상의 위험 없이 최상의 컨디션으로 춤을 출 수 있게 도와준다.

"댄스플로어가 깔려 있지 않은 야외무대의 울퉁불퉁한 바닥에서 공연을 하던 중 넘어지는 바람에 발목을 삐끗하는 부상을 입었어요."

_H대학 재학생

"추운 겨울 난방이 잘 되지 않는 무용실에서 연습을 하다가 근육 경직으로 허벅지 뒷근육(hamstring)이 끊어지는 부상을 당했어요."

_S대학 재학생

"공연 중 암전상태에서 무대를 퇴장하다가 복잡한 무대 옆 세트에 걸려 넘어지면서 설치되어 있는 조명기와 충돌하여 팔이 부러지는 부상을 입게 되었어요."

_S대학 재학생

2) 테크닉적 요인

무용수들은 해부학적 지식이 부족한 상태에서 본인의 한계를 넘어선 고난이도의 테크닉을 시도하려 하기 때문에 부상에 노출되기 쉽다. 대부분 테크닉이 완벽하게 숙련되기 전 과정에서 일어나는 경우가 많으며, 해부학적 측면에서 가장 많은 부상 발생의 원인은 턴 아웃(turn-out) 동작에서 비롯된다.

"대학시절 공연 연습 중 빠른 스텝으로 뛰어나가는 장면에서 부족한 턴 아웃으로 인해 제 발에 걸려 넘어지면서 무릎에 큰 타박상을 입었습니다."

_Y발레단 단원

"발목 힘이 부족한 상태에서 너무 일찍 무리하게 토슈즈를 신고 연습하게 되어 발목이 꺾였고, 인대가 늘어나는 부상을 당했습니다."

_K대학 재학생

3) 심리적 요인

무용수의 심리적 상태는 무용수의 긴장과 자신감에 따라 크게 영향을 받는다. 극도로 긴장하거나 자신감을 상실한 무용수는 동작 수행에 있어 완벽하게 해내지 못할 뿐 아니라 실수를 하거나 신체 컨트롤의 부족으로 부상을 초래할 수 있다.

"예고 재학 시절 콩쿠르에서 수상 욕심 때문에 연습 때보다 과한 점프 후 착지하는 과정에서 발가락 부상을 입었습니다."

_H대학 재학생

"첫 공연 준비 기간 동안 과도한 긴장 탓에 과민성 대장증후군으로 인해 연습에 적극적으로 참여하기가 힘들었어요."

_H대학 재학생

"아침에 학교에 가면서 엄마에게 필요한 돈을 급하게 달라고 했는데 화가 난 엄마가 무용을 그만두라며 화를 내셨던 말이 계속 떠올라 수업시간에 집중력이 떨어져 턴 동작에서 넘어지면서 발목을 다쳤어요."

_C대학 재학생

4) 신체적 요인

여성 무용수의 생리, 감기몸살과 같은 질병 등으로 무용수의 컨디션이 안 좋아지면서 신체 능력이 저하되면 부상이 발생할 수 있다. 신체는 무용수에게 가장 소중한 자산이므로 무용수는 항상 자신의 신체를 최상으로 만들기 위해 노력해야 한다.

"과도한 연습으로 피로가 쌓인 상태에서 지속적인 리허설에 참여하게 되었으며, 스트레스성 골절로 공연에 참여하지 못하게 되었습니다."

_H대학 재학생

"극심한 생리통 때문에 연습 중 균형을 잡지 못해 넘어지면서 꼬리뼈에 금이 가는 부상을 입었습니다."

_S대학 재학생

5) 생활습관 요인

불면증과 무리한 다이어트, 음주 및 약물복용 같은 잘못된 생활습관으로 인해 신체 발란스가 무너지면서 종종 부상을 입게 된다. 따라서 올바르고 체계적인 생활습관을 통하여 항상 부상을 미연에 방지해야 한다.

"대학 4학년 때 입시 실기 동영상 촬영을 위해 열흘 만에 5킬로그램을 감량했으나 갑작스러운 다이어트로 인한 에너지 고갈로 촬영을 마치고 발목에 스트레스 골절을 입게 되었습니다."

_Y발레단 단원

"늦게 잠을 자는 수면 습관 때문에 리허설 시간에 지각하여 급하게 공연장으로 가던 중 계단에서 넘어지면서 팔에 금이 가는 부상을 당했습니다."

_H대학 재학생

이처럼 부상을 당하는 원인에는 여러 가지 이유가 있다. 개개인의 부상 원인을 잘 파악하고 개선하여 다시는 부상이 발생하지 않도록 방지하는 것도 매우 중요하다.

발레리나 강수진의 부상 이야기

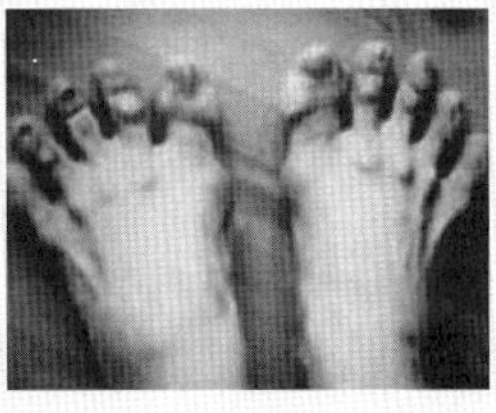

전 슈투트가르트 수석무용수이자 현 국립발레단 단장인 강수진은 자신의 책 『한 걸음을 걸어도 나답게』에서 이렇게 이야기한다.
"이제 머리만 때리면 돼요. 다른 곳은 다 부러져봐서……."
정강이뼈가 갈라지는 부상을 입고도 계속 춤을 춰왔던 그녀는 결국 극심한 통증과 심해진 부상으로 인해 1년간 춤을 출 수도 걸을 수도 없게 되었다. 모두가 그녀의 복귀를 불가능하다고 여기고 은퇴를 권했을 때, "이제 겨우 뼈가 0.5mm 붙었습니다"라는 어느 의사의 한마디에 강수진은 다시 희망을 가지고 무대로 돌아왔다. 걸을 수도 없었던 그녀를 일으킨 것은 강한 의지와 발레를 사랑하는 강수진의 마음이었다.

Q 무용 부상을 일으켰던 요인에 대하여 이야기해 볼까요?

환경적 요인

테크닉적 요인

심리적 요인

신체적 요인

생활 습관 요인

«2»

부상의 종류

일반적으로 무용수의 부상을 야기하는 요인의 하나로 반복된 동작으로 인한 과도한 사용을 들 수 있다. 이러한 부상은 강도 높은 무용 연습량, 지나친 하중의 결과로 빚어진 신체의 해부학적 변형, 딱딱한 플로어에서의 테크닉 연습에 의해 발생한다. 또한 무용수들은 자신의 신체적 한계를 넘어서거나 강력한 힘이 부과되는 상황에서 자신을 부주의하게 방치하기 때문에 부상을 입게 된다.

"저는 발레를 전공하기에는 불리한 안짱다리라는 악조건을 가지고 있었습니다. 턴아웃을 할 때 내가 할 수 있는 가능한 범위를 벗어나 억지로 하려다 보니 항상 골반의 고관절, 무릎에 무리가 왔습니다."

신체의 어느 일정한 부위에 과부하가 걸리거나 갑자기 근육이 과신장되면 부상을 입게 되는데, 일반적으로 무용수들이 가장 많이 입는 부상의 종류로는 염좌, 골절, 타박상, 연골통증, 건염 등이 있다.

부상의 종류

염좌

염좌란 관절을 지지해주는 인대가 외부 충격 등에 의해서 늘어나거나 일부 찢어지는 상태를 의미한다. 염좌 부상은 안무 유형이나 실행되는 작업량, 그리고 바닥 표면 등의 요인에 의해 직접적인 영향을 받으며 리허설 중에 가장 빈번하게 발생된다.

골절

골절이란 뼈가 부러진 것을 의미하며, 그 부러진 정도에 따라 완전골절, 불완전 골절로 나뉜다. 무용수에게 가장 많이 발생되는 골절 부위는 발목, 정강이뼈, 발가락뼈이며 점프에서 잘못된 착지로 인한 발생이 가장 일반적인 원인이다. 그리고 파드되를 할 여성 무용수의 늑골이 부러지는 경우도 종종 있다.

타박상

타박상은 파열된 혈관에서 나온 피가 조직 속으로 흘러들어가면서 피부가 붓고 통증이 생기는 것이다. 타박상은 무용 활동을 수행하는 중에 다른 무용수와 충돌하거나 기구, 벽과 같은 무대 공간 내의 물체, 바닥과의 접촉으로 인해 생길 수 있는 멍의 일종으로 무용수의 신체 어느 부위에나 생길 수 있다.

건염

건염은 근육–건 단위를 지나치게 자극하는 것이 원인이 되어 발생한다. 무용수에게서 가장 흔한 건염의 위치는 무릎이다. 건염은 매우 빠른 움직임을 요구하는 동작에서 자주 나타나며 아킬레스건 또한 손상되기 쉬운 취약한 부분이다.

1) 부상의 예방과 응급처치

무용수들은 일반적으로 부상에 대해서 얼마나 알고 있을까? 부상에 대한 심각성을 인식하고 정확한 진단 및 처치, 대처방법에 있어서 무용수 자신이 얼마나 이해하고 인식하고 있는지가 무용수로서의 수명을 결정한다고 해도 과언이 아니다.

Q 나는 응급 처치법에 대해 얼마나 알고 있나요 ?

1 나는 발목을 접질렀을 경우 어떤 응급처치를 해야 할지 알고 있다.

YES / NO

2 나는 바로 응급처치를 할 수 있는 상비약 및 용품(파스, 진통제, 연고, 테이핑, 밴드에이드 등)을 항상 가지고 있다.

YES / NO

3 나의 약한 신체부위를 정확히 인지하고 부상을 예방을 위해 노력하고 있다.

YES / NO

전공별 부상 유형

무용 실기의 기본기와 테크닉, 주로 사용하는 부위는 전공에 따라 다르므로 부상을 당하는 주요 부위도 전공에 따라 다르게 나타난다.

한국무용 전공자

손상 부위	발목, 무릎, 손목, 발뒤꿈치
주 원인	굴신, 자반뒤집기, 장구/북/부채/검 등 소품의 사용

발레 전공자

손상 부위	허리, 발목, 정강이, 골반, 목, 어깨, 늑골, 고관절, 무릎십자인대 파열
주 원인	과도한 턴 아웃, 토슈즈 착용, 무릎의 과신전, 정형화된 자세, 파드되

현대무용 전공자

손상 부위	발목, 허리, 무릎, 발가락, 어깨
주 원인	구르기, 점프, 킥 등 고난이도 테크닉 사용

무용수들에게 빈번하게 일어나는 발목, 무릎 등 관절을 다치거나 근육통이 생겼을 때 가장 빠른 응급처치 방법은 찜질이다. 하지만 경우에 따른 냉찜질과 온찜질의 사용 방법을 정확히 몰라 당황할 때가 많다.

찜질의 종류

급성 통증에는 냉찜질

근육 손상 부위의 염증과 부종을 완화시켜주는 냉찜질 방법은 혈관 축소를 통한 출혈 감소 효과와 마취 작용으로 인한 통증 완화 효과가 있어 근육이나 관절 손상 초기 증세에 효과적이다. 또한 순간적인 충격으로 근육이나 인대에 파열이 생긴 경우에도 손상 부위의 통증을 감소시키는 효과가 있다.

만성 통증에는 온찜질

부상이 발생하고 2~3일이 지난 후 출혈과 부종이 가라앉았다면 온찜질로 남아 있는 통증을 완화시킬 수 있다. 근육의 긴장을 풀어주면서 신경을 진정시키고 오래 지속된 통증을 줄이는 데 효과가 있다. 온찜질은 신체조직의 온도를 상승시켜 손상 부위의 혈관을 확장시켜주므로 혈액순환이 원활할 수 있도록 도움을 주는데, 이를 통해 손상된 조직에 영양공급이 늘어나게 되고 그만큼 회복도 빨라진다.

부상의 위험에 대한 불감증이나 혹은 만성적인 부상을 당연시하고 있지는 않은지 살펴볼 필요가 있다. 부상 초기의 적절한 응급처지는 부상 정도를 최소화할 수 있으며, 후속처치를 효과적으로 도와 회복 시간을 단축시킨다.

무용수들은 일반적인 재활 치료를 제외하고 자신만의 스타일에 맞는 치료법을 찾는 것이 중요하다. 무용수마다 선호하는 치료 방법 또는 보조운동이 있을 것이며, 가장 빠르게 자신의 몸과 마음을 회복하는 것이 관건이다.

무용수들이 선호하는 부상치료 방법

한의학 치료 (침, 부항)

보조운동 (필라테스, 자이로토닉, 요가)

도수치료

마사지 및 경락

테이핑

Q 부상당했을 때 나에게 효과적이었던 치료방법은 무엇인가요?

«3»
부상회복 심리학

Q 심한 부상을 당한 이후에도 원래 실력을 되찾을 수 있을까?

완전한 회복이란 무의식의 상태에서도 부상으로 약해진 부분에 무리 없이 동작수행을 할 수 있는 상태, 그 이상을 의미한다. 실제로 부상 이후에 심리적 자신감을 회복하는 것은 힘든 과정이 따른다. 무용수의 완벽한 부상회복을 기대하기 위해서는 계획적인 물리치료 방법과 계획적인 심리치료가 병행되어야 한다. 교사나 예술 감독은 무용수 자신이 해낼 수 있다는 자신감을 갖고 컨디션을 유지하면서 동기유발이 될 수 있도록 지도해야 한다.

현재는 과학기술의 발달로 외과수술과 재활의술이 크게 발달하여 무용으로 인한 부상의 완치가 가능하게 되었다. 그러나 부상당한 부위가 의학적으로 완전히 회복되었음에도 불구하고 무용수들은 부상 이전의 연기 수준을 보여주지 못하는 경우가 종종 있다. 이것은 부상 이후 공연에 영향을 미치는 심리적 요인들이 치료되지 못했기 때문일 것이다. 무용수들의 부상회복을 위한 잘 살펴봐야 할 심리적 요인으로는 자신감 회복과 동기, 불안의 극복, 그리고 집중 등이 매우 중요하다.

1) 자신감(Self-Confidence)

회복 과정에 있어서 자신감은 매우 중요한 요소이다. 부상당한 무용수들은 오랜 시간의 고통스러운 재활 과정을 극복하면 완치될 수 있다는 자신의 능력을 믿어야 한다. 만약에 무용수들이 신체적으로 완전히 회복하여 부상 이전 수준으로 연기를 할 수 있으리라는 확신이 없다면 재활 프로그램에 열심히 참여하지 않을 것이다.

> "공연에 스텝으로 뛰며 자신감을 회복했어요. 공연에 함께 참여하지는 못했지만 무대에서 연기하는 제 모습을 상상하며 회복만 된다면 다시 연기할 수 있을 것이라는 자신감이 생겼죠."
>
> _H대학 재학생

2) 동기부여(Motivation)

재활과정은 매우 길고 힘든 시간이기 때문에 무용수들은 높은 수준의 동기부여를 지속해야 한다. 하지만 재활치료 과정에서는 회복에 대한 의구심, 공백기로 인한 체형의 변형, 예상과 다른 회복 시기, 집중의 어려움 등에 의해 자신감이 결여되고 동기부여가 낮아지게 된다. 따라서 무용수들은 자신의 동기가 고취될 수 있는 방법을 찾고 긍정적인 마인드로 부상치료에 임하는 것이 중요하다.

> "저와 비슷한 부상을 가진 선배가 완치되어 무대에서 춤추는 모습을 보니 자극이 되더라고요. 저도 얼른 회복해서 무대에 서고 싶은 욕심이 생겼어요."
>
> _S대학 재학생

3) 불안감(Anxiety)

무용수들이 가장 불안감을 가지는 것은 자신이 부상 이전의 상태로 돌아갈 수 있는가에 대한 의심이다. 또한 부상을 당한 후에 연습이나 공연을 하는 동안에도 다시 부상을 당하지는 않을까 하는 두려움을 가지고 있다.

부상과 회복과정은 수업, 리허설, 공연에서의 신체적 효과와 동료 무용수들과의 우정 및 불안정한 유대관계가 불안감을 유발한다.

"부상을 당한 이후에 이상한 피해의식이 생겼어요. 내가 연습실에 없는 동안 나만 모르는 일이 생기지 않을까……. 내가 복귀해도 캐스팅이 안 되면 어쩌지 하는 생각 때문에 매일같이 불안하고 악몽을 꾸곤 합니다……."

_U발레단 단원

4) 집중(Concentration)

집중은 효과적인 재활치료를 위해 필수적인 요인이다. 무용수들은 치료 과정의 긍정적인 면보다는 부정적인 측면에 치우치는 경향이 있다. 이 경우 자신감이 떨어지고 동기도 약해져서 결국 열심히 치료를 받지 않게 된다. 집중하는 것은 또한 회복이 된 후에 연습을 하고 공연을 준비하는 과정에도 중요하다. 무용수는 회복 후 증상이 완화된 것 같아도 완벽해질 때까지 지속적으로 치료에 집중해야 한다.

"처음에는 언제 이 지긋지긋한 치료가 끝날까 하는 생각뿐이었지만, 이젠 치료를 받는 동안에는 다른 어떤 것도 생각하지 않고 치료에만 집중하기로 했어요!"

_K대학 재학생

부상회복에서 심리치료의 중요성

"부상을 회복하는 데 있어서의 어려움은 항상 정신적인 것으로, 즉 난관에 부딪쳤을 때 다시 그것을 극복하려고 노력하는 의지가 문제였다."

_안토니에트 시블리(Antoniette Sibley)

«4»

회복을 위한 동기 유발

1) 목표 설정 단계

목표를 새롭게 설정하는 것은 여러 가지 측면에서 부상당한 무용수들에게 도움이 된다. 목표 설정은 부상당한 무용수들이 치료의 핵심에 집중할 수 있도록 도와준다. 부상의 부정적인 측면에 관심을 갖지 않도록 자신감을 증대시키고 불안감을 감소시킬 수 있다. 무용수들은 방향을 설정하고 집중할 수 있는 다양한 목표를 단계적으로 설정해야 하며 조바심을 가지지 않고 치료과정을 수행해야 한다.

"서두르지 않으면 그만큼 빨리 완치된다고 말했다. 성공하기를 원한다면 지름길을 선택하지 말고 신중하게 계획된 치료단계를 모두 거쳐야 한다."

_Edward Villella in Montee (1992)

신체적 목표(Physical Goals)

물리적 치료는 신체의 여러 기능적 측면과 관련하여 세부적인 목표를 세울 필요가 있다. 일일 목표, 주별 목표, 월별 목표를 세워야 하며 본인이 수행해야 하는 재활운동이나 치료방법의 구체적인 목표를 세우는 것이 효과적이다.

"부상을 당했을 때 컨디션 저하로 의욕을 상실하면 재활치료를 게을리하게 되고, 그로 인해 부상 이전의 몸 상태로 돌아가는 회복의 속도가 늦어질 수밖에 없는 거죠."

_K발레단 준단원

자가진단 테스트 : 신체적 목표

나의 주별 목표와 목적 달성을 위한 세부계획을 적어보자.

1주차

목표 :

세부계획 :

2주차

목표 :

세부계획 :

3주차

목표 :

세부계획 :

4주차

목표 :

세부계획 :

심리적 목표(Phychological Goals)

앞에서 언급하였던 심리적인 회복에 관한 요인들 중 자신감, 동기부여, 불안감, 그리고 집중을 방해하는 요인을 고려하여 설정해야 한다. 그리고 무용수는 치료과정에서 자신을 방해한다고 생각되는 세부적인 요인들을 파악하여 나만을 위한 자가회복 시스템을 개발해야 한다.

> "부상을 당하게 되면 치료와 관련하여 많은 생각들로 머릿속이 꽉 차곤 해요. 약물의 효과에 대한 의심, 의사에 대한 신뢰, 반복되는 치료에 대한 믿음상실 등등."
>
> _E대학 재학생

자가진단 테스트 : 심리적 목표

나를 방해하는 요소들은 무엇이 있는지 구체적으로 적어보자.

-
-
-
-
-
-

2) 긴장이완 훈련(Strain Relief Training)

장기적인 치료는 무용수에게 무기력과 큰 불안감을 안겨준다. 불안감은 치료과정의 어려움과 연습중단 그리고 무대에 서지 못하는 기간에 대한 걱정에서 비롯된다. 특히 부상당한 부위의 주변 근육의 긴장을 풀고 회복을 촉진하기 위해서 점진적인 긴장 완화 훈련을 해야 한다. 과도한 긴장은 극심한 근육 수축, 근육경련, 호흡곤란, 과도한 발한 등의 신체적 반응으로 나타난다. 이러한 현상에 효과적인 방법의 하나로 호흡법이 있다. 긴장을 줄이기 위한 가장 간단하면서도 중요한 테크닉이다. 호흡을 길고 깊게 함으로써 무용수들은 근육긴장, 초조함과 같은 부정적인 증상들을 완화시킬 수 있다. 그럼으로써 자신감이 생기고 기분도 좋아지며, 호흡에 집중하는 동안 무용수들은 자신의 부정적이고 복잡한 생각들을 줄여나가 자신의 신체에 집중할 수 있게 된다. 또 자신만의 긴장이완법을 개발하는 것도 하나의 방법이다. 많은 무용수들은 공연 전 또는 연습 전 자신만의 특별한 노하우로 긴장을 푼다. 예를 들어 요가, 마사지, 찜질 등 자신만의 방법으로 긴장을 조절한다.

"부상 이후 저는 연습 또는 공연 전에 요가를 가곤 해요. 그럼 훨씬 긴장도 덜해지고 불안감도 없어지는 느낌이 들어요."

_H대학 재학생

3) 무용 심상유도 치료(Dance Guided Mental Imagery Psychotherapy)

무용 심상유도 치료는 무용수들이 치료과정 중 신체훈련을 할 수 없을 때 공연능력을 유지하기 위한 방법으로 쓰인다. 무용심상을 이용하면 훈련과 공연의 중단으로 인해 발생할 수 있는 문제를 줄일 수 있는데, 그 이유는 심상을 통해 실제로 육체적인 연습을 하지 않더라도 무용 기술과 공연 능력을 향상시킬 수 있기 때문이다. 자신이 무용을 하는 장면을 상상함으로써 자신감이 높아지고, 보다 긍정적이며 의욕적인 태도를 가질 수 있을 것이다.

선수들의 훈련 비밀

국가대표 역도의 여제라고 불렸던 장미란 선수

실제로 경기 전 두달 전부터 경기는 물론 공연 전 수면, 식습관 등 모든 생활습관까지 머릿속으로 상상의 시나리오를 그린다. 관중들의 함성, 경기 시작을 알리는 부저음, 바벨을 쥐기 전 초크를 어떻게 묻힐 것인가, 어떻게 호흡을 하며 들어 올릴 것인가, 바벨을 성공적으로 들어올리고 내려놓으면서 어떤 표정을 지을 것인가까지 아주 디테일하게 상상훈련을 실시했다고 한다.

전 국가대표 유도 한판 승의 사나이 이원희 선수

이원희 선수는 쉬고 있을때조차도 항상 틈틈이 상상훈련을 했다고 한다. 남들이 보면 앉아서 쉬는 것처럼 보일지도 모르지만, 가만히 앉은 그의 뇌 속에서는 시합속의 실제와 같은 영상이 흘러가고, 상대 선수가 어떤 기술로 공격해 들어올지, 나는 어떻게 대처할지 머릿속에 끊임없이 그리며 트레이닝했다.

"상상 운동도 효과 있다 … 근육 사용량 달라져"

운동을 하는 상상만 해도 근육의 사용 범위가 넓어져 근육을 단련시킬 수 있다는 연구결과가 나왔다. 영국 신경과학 분야의 권위자 마이클 모슬리 박사 연구팀은 '상상 운동'이 인체에 미치는 영향을 알아보기 위해 7명의 지원자에게 한달간 '심상(상상하는 연습)'을 훈련시켰다. '심상' 기법은 실제 프로 운동선수들이 수행 능력을 강화하기 위해 사용한다. 선수들은 주기적으로 라이벌과 대적하는 모습을 머릿속으로 상상하는 훈련을 한다. 참가자들은 하루에 15분씩, 일주일에 5번 이상 다리로 운동기구를 밀어내는 상상을 하도록 했다. 이때 근육이 50번 이상 수축되는 느낌도 떠올렸다. 물론 실제 운동은 전혀 하지 않은 상태였다. 그 결과 놀랍게도 참가자들의 근력이 평균 8% 정도 좋아졌다. 한 여성 참가자는 근력이 이전보다 33% 개선됐다.

[출처] 2018.07.18. 파이낸셜 뉴스 홍예지 기자

4) 사회적 참여, 그리고 동행(Interpersonal Competence And Accompany)

동료, 선후배와의 동행

부상을 당했을 경우 무용수들은 연습실에 나가지도 않고 다른 무용수들과 연락도 하지 않고 잠적해버리는 경우도 있다. 그러나 부상당한 무용수들은 지속적으로 동료 또는 선후배와 교류하며 지내는 것이 바람직하다. 자신과 비슷한 상황에 있는 동료들과 대화하며 공감을 얻을 수도 있으며 부상으로 인한 스트레스도 정상적인 반응이라는 사실을 깨달을 수 있다. 또한 현재 건강한 무용수들로부터 그들이 겪은 일과 부상당한 무용수들이 겪을 수 있는 일에 대해 이야기를 들으면, 무용수들은 미래를 예측하고 예상할 수 있게 된다. 이런 교류를 통해 현재 건강한 무용수들은 부상당한 무용수들에게 치료에 도움이 되는 실제적인 아이디어나 방법 등을 제공할 수 있다.

교사와의 동행

부상당한 무용수들에게는 교사의 역할이 매우 중요하다. 교사는 무용수들이 부상당하지 않은 신체의 부분을 사용하여 할 수 있는 최대한의 움직임을 연습하도록 이끌어 가야 한다. 부상당하지 않은 부위의 운동을 계획적으로 훈련시킬 수 있어야 하며 무용수가 자신의 무용에 필요한 다른 측면들이 향상 될 수 있도록 해야 한다.

또한 리허설이나 공연에 참석하여 공헌을 할 수 있도록 유도해야 한다. 그들에게 의상이나 분장에 관한 일을 맡긴다거나, 무대 뒤에 있는 무용수들을 감독하는 책임이 필요한 일을 시킨다면, 부상에도 불구하고 자신들이 계속해서 일에 참여하고 경력을 쌓고 있다는 생각을 할 수 있다. 이렇게 교사는 무용수가 할 수 있는 범위 내에서 소외감을 느끼지 않도록 지도하는 것이 중요하다.

Check yourself

부상이 발생하는
가장 큰 원인은 무엇일까요?

내가 직접 경험했던
부상의 종류를 적어볼까요?

부상의 응급조치 중
R.I.C.E.에 대하여 알아볼까요?

Rest
Ice
Compression
Elevation

무용 심상유도 치료에 대하여
설명해볼까요?

부상을 최대한 방지할 수 있는
나만의 노하우가 있다면?

참고문헌

소천정삼, 백석가자, 정귀진 역(1999). 무용상해. 서울: 금광.

이혜희 역(2014). 무용상해. 서울: 금광.

김경숙(1998). 무용상해가 무용수에게 미치는 심리적 요인 분석. 미간행 석사학위논문. 중앙대학교 대학원.

김정수, 황규자 역(2013). 무용 심리학. 서울: 금광.

강수진(2017). 한걸음을 걸어도 나답게. 서울: 인플루엔셜.

stress

#2

스트레스

스트레스 요리하기

What is Stress?

스트레스(stress)는 라틴어로 'strainger', 즉 "팽팽하게 죈다"라는 뜻에서 유래되었다. 이후 string, strest, straisee 등으로 쓰여 왔으며, 14세기에 이르러서 'stress'라는 용어를 사용하기 시작했다.

«1»

나를 열받게 하는 것들

무용수의 아름다운 모습은 마치 수면 위에서의 아름다운 자태를 보이기 위해 수면 아래에서는 쉬지 않고 물장구를 치는 백조와 같다. 백조와 같은 모습을 유지하기 위해 무용수들은 어떤 마음가짐을 하고 어떤 일상을 보낼까? 무용수들은 자신에게 주어진 역할에 몰입하여 실수 없는 완벽한 무대를 보여주기 위해 끊임없이 연습하고 훈련하는 과정을 반복해야만 한다.

세계적인 활동을 펼치는 유명한 무용수들을 '프로답다'고 하는 것은 철저한 자기관리 외에도 파트너와의 안정된 호흡, 완벽한 테크닉 등을 위해 수많은 연습시간을 투자해 땀흘리고 근육통까지도 견뎌내며 인내하기 때문이다. 하나의 작품을 완성하

불운의 화가 '빈센트 반 고흐(Vincent van Gogh)'

후기인상주의의 화가인 네덜란드 출신의 빈센트 반 고흐는 강렬한 색체, 거친 붓놀림, 뚜렷한 윤곽을 표현하여 자화상, 별이 빛나는 밤, 해바라기 등 걸작이 탄생하였다. 하지만 그는 유명한 작품들을 남기기까지 엄청난 스트레스로 정신이 심하게 분열되고 두통과 불면증에 시달리고는 했다. 그림에 대한 강한 열정 때문이었을까? NO! 그의 스트레스 원인은 인간관계 때문이었다. 그는 실연에 대한 슬픔과 고갱과의 성격적 충돌로 인한 격분에 못 이겨 자신의 귀를 자르고 자살이라는 극단적인 선택에 이르게 된다. 그의 스트레스는 그림보다는 대인관계에서 오는 갈등이 가장 큰 이유였다.

기까지 집중하는 과정에서 무용수는 신경이 더욱 예민해지거나 수면부족에 시달리는 등 많은 스트레스를 경험하기도 한다. 스트레스는 불안, 적대감, 우울증, 식욕부진, 집중력 감소, 수면장애 등의 심리적 요인과 더불어 초조함, 좌절감, 분노, 불만족감, 권태감 등의 감정적인 부분에도 부정적인 영향을 초래한다. 스트레스가 지속적으로 나타나게 될 경우 탈진 수준에까지 이르게 되고 공연수행뿐 아니라 개인의 건강에도 문제가 나타날 수 있다.

대부분의 무용수들은 무대에서 완벽한 모습을 보여주기 위해 끊임없이 스트레스를 받는다. 특히 발레리나는 가냘픈 긴 팔다리로 한 치의 흔들림 없이 발끝으로 서 있는 우아한 이미지를 상상함으로써 자신의 스트레스를 즐기기도 한다.

"캐릭터에 빠지는 것이 좋아요. 언제 이렇게 다양한 삶을 살아보겠어요? 발레를 통해 다양한 인생을 경험하는 것이 너무나 즐거워요."

_전 국립발레단 수석무용수 김지영

"자기 자신을 춤추라. 내 캐릭터를 온전히 보여줄 때 비로소 완벽해진다."

_전 파리오페라 발레단 솔리스트 김용걸

(문화체육관광부 소속 국립현대무용단 〈댄서하우스〉에 대한 기사 중)

Q 스트레스는 어디에서 오는가?

스트레스의 원인은 스트레서(stressor) 또는 유발인자(trigger)라고 한다. 이것은 외적 원인과 내적 원인으로 구분되며, 대부분이 자기 스스로에 의한 내적 원인에 기인한 경우가 많다.

외적 원인

– 소음, 강력한 빛 또는 열감, 한정된 공간과 같은 물리적 환경
– 무례함, 명령 등과 같은 타인으로부터 나타날 수 있는 사회적 관계
– 규칙, 규정, 형식 등과 같은 조직사회
– 친인척의 죽음, 직업 상실, 승진과 같은 생활사건, 통근 등 일상적인 일

내적 원인

– 카페인 섭취, 불충분한 잠, 과중된 스케줄과 같은 생활양식
– 비관적인 생각, 자신을 향한 혹평, 과도한 자신의 분석과 같은 부정적인 생각
– 비현실적인 기대감, 독선적인 소유, 과장되고 경직된 사고, 완벽주의, 일 중독 등

대부분의 무용수들은 살찌지 않기 위한 체중관리를 비롯하여 무용수의 대우, 배역, 실력에 대한 평가, 공연장의 환경, 의상 및 소품의 불편함, 예상치 못한 사건의 발생 등이 스트레스의 원인이 될 수 있다. 그 밖에도 무대 공포증, 무대 실수, 작품에 대한 스트레스, 스스로의 공연만족에 대한 스트레스, 공연 연습과정, 신체에 대한 스트레스, 공연 불안감(공연상태불안, 공연특성불안), 비용에 대한 스트레스, 대인관계에 대한 스트레스, 수입에 대한 스트레스, 무용 상해 및 회복 등 무용 활동과 관련된 모든 요소는 스트레스의 원인이 될 수 있다. 그리고 작고 사소한 일상생활 속에서 빈번하게 일어나기도 한다. 심리학자 아들러(Alfred Adler, 1870~1937)는 인간의 삶에 대한 모든 문제들은 대인관계에 의해서 비롯된다고 하였다. 어느 날 아침 갑작스럽게 일어난 어떤 해프닝이 하루 종일 머릿속에 떠올라 리허설에 방해가 되었던 경험이 있지 않은가? 생각해보면 스트레스는 무용 활동 중 나타나기도 하지만 일상생활 속에서 받게 되는 경우가 더욱 빈번할 것이다.

"저는 즉흥시간만 되면 스트레스를 받아요. 나에게 즉흥은 너무 어려운 수업이었고 학점은 잘 받았으면 좋겠고…… 그 시간만 되면 얼굴이 찌푸려지면서 무엇을 어떻게 해야 할지 잘 모르겠어서 너무나 하기 싫었어요."

_D대학 재학생

"공연작품이 너무 난해해서 스트레스 받았던 경험이 있어요. 내 스타일이 아닌 것을 억지로 해내야 하는 것이 늘 스트레스예요."

_K발레단 단원

"나는 하루 종일 기분이 참 좋았었는데 한 사람 때문에 스트레스 받았던 적이 있어요. 공연 연습 중에 옆에서 '언제 끝나?', '너무 하기 싫어', '나 약속 있는데', '왕짜증 난다' 같은 부정적인 이야기를 들으니까 열심히 하다가도 의욕이 떨어져서 저도 연습하기 싫어지면서 기분이 좋지 않더라고요. 다른 사람이 받는 스트레스가 나에게도 영향을 미치게 되는 것 같아요."

_H대학 재학생

«2»
뚜껑이 열릴 때 나타나는 증상들

우리나라에서 가장 많이 사용되는 외래어 1위는 스트레스(stress)라고 한다. 늘 입에 달고 있는 만병의 근원이라 해도 과언이 아니다. 의학계, 심리학계에서 신체와 정신은 하나로 연결되어 있다고 밝히고 있는 바와 같이 스트레스 때문에 두통이나 소화불량 등의 각종 질환에 시달리는 일이 다반사이다. 그러나 스트레스를 전혀 안 받을 수는 없다.

우리가 고민하고 있는 걱정들 중 약 40%는 절대 일어나지 않는 일들에 대한 것이고, 약 30%는 이미 일어난 일들에 대한 것이며, 약 22%는 사소한 일들에 대한 것, 걱정들 중 약 4%는 바꿀 수 없는 일들에 대한 것이다. 결국 그 많은 걱정들 중 미리 예측하고 대처해야 할, 진짜 일어날 수 있는 일들은 고작 4%에 불과하다.

스트레스 초기에는 걱정, 근심, 불안 증상이 발생하여 점차 우울증상까지도 나타나게 된다. 스트레스가 과도하거나 오랫동안 지속되어 해소할 수 없다면 각종 정신질환으로까지 이어질 수 있다. '스트레스는 만병의 근원이다'라는 말과 같이 신체에도 많은 영향을 미친다. 실제로 내과 입원 환자 중 약 70%는 원인이 스트레스와 관련이 있는 것으로 밝혀지고 있다. 스트레스가 해소되면 심리적인 문제들은 함께 사라지게 되지만 한번 나타난 신체적인 문제는 치료가 필요한 경우도 있다. 가장 흔한 스트레스성 질환으로는 과민성 대장증후군, 고혈압, 긴장성 두통 등으로 소화기계와 심혈관계 질환까지 아우를 만큼 광범위하다. 또한 스트레스는 면역체계를 무너뜨려 질병에 더욱 취약해진다. 흔히 나타나는 대표적인 스트레스성 질환으로 피부 발진이 있다. 스트레스는 체내 염증 수치를 증가시켜 여드름이나 뾰루지, 두드러기 등의 증상이 나타나기도 한다. 또한 여성들은 생리 기간에 생리통이 심해지거나 불규칙해져 한두 달을 거르거나 길게는 6개월 이상 멈추게 되는 경우도 있다. 이는 스트레스가 호르몬의 불균형을 유도하기 때문이다.

스트레스 검사

	질문 문항	전혀 아니다	거의 그렇지 않다	가끔 그렇다	자주 그렇다	항상 그렇다
		1	2	3	4	5
1	15분 이상 줄을 서면 화가 나거나 짜증이 난다.					
2	한 번에 한 가지 이상의 일을 처리하려고 한다.					
3	일 하는 도중 쉴 시간이 별로 없다.					
4	상대방이 말을 천천히 하면 짜증이 난다.					
5	게임이나 스포츠경기를 하면 내가 꼭 이겨야만 한다.					
6	지면 화가 난다.					
7	하루일과 중 내 자신만을 위한 시간이 있다.					
8	자주 시계를 본다.					
9	나는 마감시간이 임박할수록 더 힘이 난다.					
10	일을 집에 가져온다.					
11	상황이 긴박해질수록 힘이 난다.					
12	일에 대한 책임을 맡는 것이 좋다.					
13	일을 빨리 하기 위해서 식사를 급히 할 때가 많다.					
14	시간의 여유가 있건, 없건 간에 일을 빨리 해치운다.					
15	타인의 말이 틀렸다고 생각되면 바로 지적한다.					
16	집이나 직장의 분위기가 바뀌는 것이 싫다.					
17	쉬는 시간이 생겨도 막상 뭘 해야 할지 모른다.					
18	다른 사람보다 음식을 빨리 먹는 편이다.					
19	일을 많이 해야 창조적으로 느껴진다.					
20	휴가가 있어도 안 간 적이 많다.					
21	나는 사소한 것에 집착한다는 말을 들은 적이 있다.					
22	일을 열심히 하지 않는 사람을 보면 화가 난다.					
23	일을 마치고서도 좀 더 할 일이 없나 하는 때가 있다.					
24	일에 대한 생각을 하며 지내는 시간이 많다.					
25	쉽게 지루해진다.					
26	일이 끝날 시간이 되면 더 일할 맛이 난다.					
27	나와 다른 생각인 사람과 논쟁할 필요가 있다.					
28	문제가 있으면 바로 처리한다.					
29	일이 빨리 진행되도록 독려한다.					
30	나는 세상에 사소한 일은 별로 없다고 생각한다.					

Q 나의 스트레스 정도를 확인해봅시다.

점

0~75 당신은 관상동맥 질환이 생길 가능성이 낮은 편입니다. 이 결과에 따르면 약간 느슨해져 있습니다. 서두르지 않고 참을성이 있으며 경쟁적인 것을 피하고자 하는 경향이 있습니다. 겉으로 드러나는 공격성이 낮은 편이며 시간에 쫓기지 않습니다. 세상에 당신 같은 분들만 있다면 참 편안할 것입니다. 그러나 이렇게 빠르고 험난한 세상을 그렇게 적당히 살아도 될까요? ^^

76~99 당신은 어느 정도 경쟁적이고, 참을성이 적고, 성취 지향적이며 가끔은 공격적일 때도 있습니다. 그러나 다른 한편으로는 서두르지 않고 낙천적이며 "도대체 이렇게 경쟁하는 것이 다 무슨 소용이야"라고 하면서 헛웃음을 지을 줄도 아는 성격입니다. 적당한 스트레스는 자신의 발전을 위한 밑거름이 될 수 있습니다. 그래도 스트레스가 심하다는 생각이 든다면 스트레스를 해소하기 위한 방법들을 시도해보세요.

100~150 당신은 매우 경쟁적이고 참을성이 적으며 성취 지향적이고 공격적으로 일에 몰두하고 있습니다. 시간에 대해서는 강박적인 경향이 있어 시간이 아까워 무엇이든 "빨리 빨리", 그러면서 한편 정확하게 처리하려고 노력하는 편입니다. 이러한 성향은 현대사회에서 매우 유용할 수도 있지만 당신은 과도한 스트레스 속에 살고 있을 가능성이 아주 높고 각종 스트레스 원인들에 대하여 민감한 반응을 보입니다. 최근 스트레스의 연구에 따르면 이런 성향을 가진 사람들의 내면에는 공격성이 있다고 합니다. 이것은 공격성과 냉소주의, 불신감 등입니다. 나를 변화시키려면 가장 중요한 것은 자신의 감정을 잘 기억하는 것입니다. 무조건 참는 것이 좋은 것만은 아닙니다. 자주 표현하고 잘 표현할 수 있도록 연습해 보세요. 화가 날 때는 그냥 화나는 것입니다. 내가 지금 화가 나고 있는 것인지 답답한 것인지 슬픈 것인지도 잘 모를 때가 종종 있다면 자신의 감정에 대하여 아직은 미숙할 수도 있습니다. 자신의 감정을 잘 절제하는 것은 지금 내가 어떤 상태인지를 인지하고 있으면서도 적절히 표현할 수 있는 사람에게 가능한 것입니다. 이제 나의 감정이 무슨 말을 하는지 한번 들어보세요.

스트레스 반응은 자극적 호르몬인 아드레날린이나 또 다른 호르몬들이 혈중 내로 분비되어 우리 몸을 보호하고자 하는 반응으로, 위험에 대처하거나 그 상황을 피해갈 수 있는 힘과 에너지를 제공한다. 이러한 스트레스 반응에 대한 신체적 변화는 다음과 같다.

- 근육, 뇌, 심장에 더 많은 혈액이 공급될 수 있도록 맥박과 혈압이 증가
- 더 많은 산소를 얻기 위하여 호흡과 맥박이 빨라짐
- 행동을 할 준비로 인한 근육의 긴장
- 상황의 판단과 빠른 대처를 위해 정신이 더욱 명료해지고 감각기관이 예민해짐
- 위험을 대비하여 중요한 장기인 뇌·심장·근육으로 가는 혈류의 증가
- 위험한 시기에 혈액이 가장 적게 요구되는 곳인 피부·소화기관·신장·간으로 가는 혈류의 감소
- 추가 에너지를 만들어내기 위한 혈중 당·지방·콜레스테롤 양의 증가
- 외상을 입었을 때 출혈 방지를 위한 혈소판이나 혈액응고인자의 증가

이 밖에도 스트레스로 인해 유행처럼 흔히 나타나는 증상들이 있다.

스트레스로 인한 마음의 병, 우울증!

현대사회에서 우울증은 흔한 질환이다. 심지어 조금 힘든 일이 생기면 '우울증이 올 것 같다……' 라는 말이 청년층에서도 입버릇처럼 자주 쓰인다. 우울증은 마음의 감기라고도 하지만, 우울증으로 인해 정신증적 장애나 절망감에서 벗어나지 못하고 최악의 경우 자살이라는 극단적인 선택으로 이어지기도 하므로 심각한 마음의 병이라고 할 수 있다. 2019년 상반기 국민건강검진 항목에 불안, 우울증이 포함되었다. 또한 우울증은 뇌에 영향을 미칠 수 있으며 뇌 신경전달체계 및 내분비계의 전반적인 기능 저하와도 높은 관련성이 있다. 이러한 증상의 가장 큰 원인은 스트레스에서 오는 것으로 밝혀지고 있다.

스트레스로 인한 증상

캐나다의 내분비학자 젤리에(Hans Selye)는 몸에 해로운 인자나 자극을 스트레서(stressor)라 하고, 이러한 순간 나타나게 되는 긴장상태를 스트레스(stress)라고 정의하였다. 그는 스트레서를 가했을 때 스트레스가 반응이 나타나는 것을 3단계로 구분하여 이 증후군을 일반적증후군이라고 하였다.

1단계

경고반응기라 하여 생체가 스트레서에 대하여 적극적으로 저항하고자하는 시기로 1~48시간 안에 반응이 나타난다. 초기에는 체온 및 혈압, 혈당의 저하, 혈액농축 등의 쇼크증상이 나타나고 그 다음에는 그것에 대한 저항반응이 나타나게 된다.

2단계

저항기로 경고반응기를 지나쳐 계속적으로 스트레서에 노출되어 저항기로 이행된다. 스트레서에 대한 저항이 가장 강하게 나타나는 시기이다. 그러나 한 가지 일에 대한 스트레서에 집중되고 다른 종류의 스트레서에 대해서는 저항력이 약화된다.

3단계

피폐기로 스트레서에 대한 저항력이 떨어져 생체 반응하는 복합적인 신체적 문제가 나타나게 되어 처치 시기를 놓친다면 죽음에 이를 수도 있다.

스트레스로 인한 마음의 병, 화병(火病)

중년 여성, 어머니들의 고통인 화병은 요즘 20~30대 젊은 층에서도 더욱 증가하고 있다. 여성뿐만 아니라 남성, 아이들에게도 나타나는 이 화병은 연령별로 다양한 스트레스를 겪고 있지만 '참아야 한다'는 생각으로 인해 마음속에서 분노와 고통이 점차 쌓이면서 화(火)의 형태로 폭발하는 것이다.

'화병'이라고 알고 있는 이 용어는 미국 정신의학회에 명시되어 있는 한국 민속증후군의 하나로, 분노의 언제로 인해 발생한 분노증후군이라 할 수 있다. 증상은 불면증, 피로, 공황장애, 우울, 식욕부진, 호흡곤란, 소화불량 등으로 다양하게 나타난다.

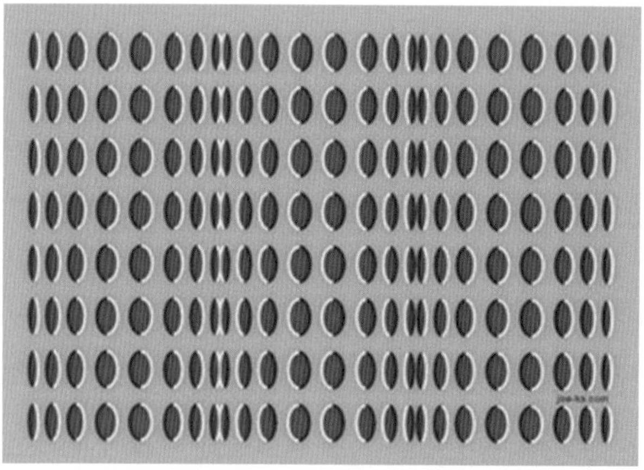

그림이 많이 움직일수록 스트레스가 높다

화병 자가진단 테스트

– 아래 진단표에서 자신이 해당되는 곳에 √로 체크해 주세요.

– 해당되는 항목이 5~6개 이상이라면 내가 화병이 아닐까 생각해볼 필요가 있어요.

울화가 치민다.	☐
가슴이 두근거린다.	☐
깜짝깜짝 놀란다.	☐
얼굴이 화끈 달아오른다.	☐
머리가 아프다(두통이 심하다).	☐
잠이 잘 안온다.	☐
항상 피로하다.	☐
만사가 귀찮다.	☐
불안하다.	☐
신경이 예민하다.	☐

인간의 뇌는 다른 어떤 신체 기관보다도 스트레스에 민감하며 작은 자극에도 피로감을 느껴 뇌세포의 활동이 위축되고 뇌 기능이 저하된다. 이러한 악순환이 반복된다면 뇌의 노화 속도를 높이고 결국 여러 질병에 노출된다.

무용 전공자의 스트레스에 대한 경험을 함께 느껴보기

"저는 중요한 콩쿠르를 앞두고 연습을 위해 발레 홀에 들어가면 꼭 몸에 두드러기가 났어요. 평소에는 알레르기가 잘 없는데 말이지요. 하지만 이후에 콩쿠르가 끝나고 나니 발레 홀에 다시 들어갔을 때는 두드러기가 나지 않았어요. 아무래도 스트레스로 인한 신체적 반응이 일어난 것이 아니었을까요?"

_K발레단 인턴

"저는 공연을 하는 당일, 음식을 먹는 것에 대해 굉장히 예민해요. 어느 날부터인가 공연하기 전까지 음식을 평소보다 적게 섭취하는데도 불구하고 배가 아프거나, 체한 느낌이 들면서 신경이 쓰이고 화장실에 가야 한다는 압박감이 생겼어요. 평소에는 똑같은 음식과 같은 양을 먹어도 괜찮았었거든요."

_H대학 재학생

"저는 생리기간과 공연날짜가 겹쳐서 걱정이 많았어요. 심지어 의상 색상이 흰색일 때는 더 신경 쓰이더라고요. 계속 걱정을 하다 보니 날짜를 지나쳐 공연이 다 끝난 후에 한 적이 있어요. 아마도 심리적으로 스트레스를 받다보니 몸에서 반응을 하고 시기가 늦어진 것 같아요."

_K예술고등학교 재학생

이러한 경험들은 모두 스트레스로부터 비롯되었다고 할 수 있다. 원인이 불분명한 이상증후군은 근본적으로 스트레스로부터 시작되기도 한다.

스트레스로 인한 뇌의 노화, 그리고 파킨슨 병

일반적으로 말하는 '노인병', 즉 노화로 인한 퇴행성 뇌질환은 60세 이후 발병하는 경우가 대부분이나 최근에는 드라마에서 자주 등장하는 것과 같이 40~50대에서도 노인성 질환으로 알고 있는 파킨슨병을 진단받는 경우가 급격히 늘어나고 있다.

중년층에서 발병된 파킨슨병 환자를 문진해 보았을 때, 대다수가 발병 이전 수년간 극심한 스트레스와 과로에 더욱 시달려왔으며 성격의 유형도 매우 비슷하다는 공통점이 있다. 또한, 그동안의 통계를 살펴보면 파킨슨병 환자는 꼼꼼하고 완벽주의적인 예민한 성향의 소유자들이 많았다.

이것은 우연의 일치가 아니라 스스로의 화를 잘 풀지 못하고 마음속으로 삭히거나 과묵한 유형일 경우 파킨슨병에 걸릴 가능성이 높으며, 대부분 성격 등 다양한 이유로 스트레스를 원활하게 해소하지 못하고 오랜 기간 누적된 것이 원인인 것으로 밝혀지고 있다.

Q 여러분들도 아무런 이유 없이 아프거나 불편했던 적이 있었나요?
언제, 어떤 신체화 증상을 경험하였나요? 그리고 왜 그랬을까요?

«4»

즐겁게 받아들이기

스트레스는 과연 해롭기만 한 것일까? 스트레스가 모두 나쁜 것만은 아니다. 미국의 심리학자 라자루스(Lazarus, 1932~2013)는 같은 상황에 스트레스를 받는다 할지라도 받아들이는 사람에 따라 다르게 반응하며 적절한 스트레스는 일상생활에 있어 활력을 주고 창의력과 생산성을 높여 삶의 긍정적 효과를 가져 올 수 있다고 하였다. 자기 긍정(self-affirmation)은 인식을 전환할 수 있는 좋은 방법이다.

정신신경면역학자 변광호 박사는 스트레스가 오히려 자기 자신을 긍정적으로 행동할 수 있는 행복의 원동력으로 활용할 수 있다고 하였다. 죽음을 앞두고 있는 중증환자들 가운데 유독 차분하게 받아들이고 웃음을 잃지 않는 사람들의 사례는 많은 교훈을 준다. 내 삶을 끝까지 담담하게 받아들이고 변함없이 일상적으로 생활하며 주위 사람에 대한 배려와 감사함을 갖고 여유로운 모습으로 자신이 할 수 있는 것들을 끝까지 해내려는 것은 쉽지 않을 것이다. 그들은 일상에서 스트레스(distress)를 받을 때마다 곧바로 그것을 전화위복의 기회로 생각하여 긍정적 스트레스(eustress)로 빠르게 전환시킨다. 그들의 마음속에서는'지금 일어난 일을 내 힘으로는 되돌리지 못하니 화내고 짜증내도 결코 달라지지 않는다. 그리고, 내가 할 수 있는 것은 무엇일까?'라고 생각의 전환이 일어나게 된다. 어니 J. 젤린스키의 『느리게 사는 즐거움』에서 밝히고 있는 명언과도 같다.

흔히 스트레스를 나쁜 것으로만 치부하고 있으나 스트레스는 인간의 생명과 건강을 지키는 데 필수적 요소이다. 다만 그것이 너무 자주 일어나거나 올바르게 대응하지 못하였을 때 여러 가지 문제점 발생하게 되는 것이다. 스트레스를 올바르게 극복하기 위한 방법을 살펴보자.

첫째, 전화위복(긍정적 정신)의 강한 의지는 타고나는 것이 아니라 운동선수나 무용수들이 훈련을 통해 근육을 만들어내는 것과도 같다.

둘째, 어떠한 일에 대한 감사함을 느끼는 순간 뇌에서는 긍정호르몬이 분비되고 신체가 안정되며 제 기능을 발휘하게 된다.

셋째, 배려를 통해 몸에서 즐거운 호르몬인 엔도르핀, 도파민, 세로토닌이 분비되어 더 큰 행복감을 느낄 수 있다.

넷째, 타인을 위한 봉사는 모성 호르몬인 옥시토신의 분비가 증가되고 행복감과 면역수치를 높여준다.

다섯째, 대화하는 것은 건강하게 장수하는 사람들의 공통적인 특징으로 기쁨은 나눌수록 커지고 고통은 나눌수록 줄어든다.

구토와 어지럼증으로 병원을 자주 드나드는 직장인 A씨는 신경성 위염이라는 진단을 받았다. 지나친 스트레스로 위 운동이 방해를 받았다는 것이다.

"아침에 출근할 생각만 하면 배가 아파온다. 높은 경쟁률을 뚫고 입사했다는 뿌듯함도 잠시, 상사와 동료들의 비위를 맞추는 데 마음놓을 틈이 없다. '이참에 회사를 그만둬버려?'라는 생각과 '그만두면 뭘 먹고 살지?'라는 생각이 뒤섞이면서 스트레스는 더욱 쌓여만 간다."

_대기업 직장인

미국 AP통신에서 시장조사기관인 입소스(Ipsos)와 공동으로 한 조사에서 우리나라 성인의 81%가 스트레스를 자주 받는 것으로 나타났다. 또한 대한신경정신의학회과에서 성인 남녀 1006명을 대상으로 실시한 면접 조사에서는 4명 가운데 1명이 스트레스를 '많이' 또는 '아주 많이' 받는다고 응답하였다. 스트레스를 해소하는 방법으로는 음주가 36.3%로 가장 높았으며, 폭식 32.6%, 흡연 15.7%의 순으로 나타났다. 스트레스는 우리 몸속에 아드레날린을 필요 이상으로 분비시켜 마음의 병뿐 아니라 몸의 병까지도 만들어낸다. 스트레스를 받는 상황에서 몸을 더 혹사시키기보다는 스트레스를 수는 상황을 냉정하게 보고 건강하게 풀 수 있는 다섯 가지 방법을 알아보자.

10분간 걷기

걷기는 운동도 겸할 수 있는 좋은 스트레스 대응책이다. 걸으면 발과 온몸의 신경이 골고루 자극되어 엔도르핀이나 세로토닌 같은 신경 안정 호르몬이 분비된다. 특히 야외활동에서 햇볕을 받으며 걸으면 항 우울제 역할을 하는 멜라토닌이 분비되고, 숲이나 나무가 많은 녹지를 걸으면 그린색의 영향을 받아 정서적으로 더욱 안정감을 준다.

10분간 칭찬하기

힘이 들 때, 스트레스 받는 상황을 잘 이겨내고 있는 자신을 스스로 칭찬하라. 스스로를 격려한다고 스트레스에 실질적인 도움을 줄 수는 없겠지만 마음속에서 긍정적인 감정과 생각을 불러일으킬 수 있다.

10분간 스킨십하기

주변사람이나 반려동물, 혹은 아끼는 인형을 안고 만지고 쓰다듬어 주면 뇌의 시상하부에서 엔도르핀을 생성하고, 뇌하수체에서 옥시토신을 분비시켜 행복감과 안정감을 느낄 수 있다.

10분간 생각 중지하기

가까운 미래에 나쁜 일이 일어날 것이라는 불길한 상상을 하고, 타인 또는 사회의 시선을 신경 쓰거나 자기 자신을 비하하는 자책 등의 부정적인 감정은 스트레스를 더욱 악화시킨다. 따라서 스트레스가 심해졌을 때는 샤워를 하거나 명상을 통해 잠시 생각을 중단하는 나만의 방법을 만들어 마음을 비우는 것도 중요하다.

10분간 몰입하기

스트레스를 받으면 마음을 다스리지 못하고 안절부절못하게 된다. 자신이 좋아하는 일에 약 10분 동안 몰입하는 것도 스트레스를 해소하는 데 도움이 된다. 편안한 자세에서 10분간 잠시 눈을 감고 자신이 좋아하는 음악의 박자나 리듬에 집중하거나 평소 즐겨 읽는 책을 10분간 입 밖으로 소리 내어 천천히 읽는 것도 좋은 방법 중 하나이다. 그 밖에도 그림을 그리거나 복식호흡, 명상, 요가, 발레 등 쉽게 접할 수 있는 취미생활로 잠시 시간을 비워본다.

스트레스를 극복하고 행복해지는 방법이 있다?

생로병사의 비밀 〈내 몸을 춤추게 하라〉 춤의 놀라운 효과.

많은 의사들이 적극 추천하는 운동은 바로 춤이다. 음악의 리듬에 따라 춤을 추면 몸 안에 행복 호르몬이 분비되는데, 이 행복 호르몬은 우울감과 스트레스로부터 예방할 수 있다. 파킨슨 병, 치매 예방, 유방암 환자 등의 사례를 살펴보면, 춤을 통해 즐거움을 담당하는 도파민, 행복 호르몬인 세로토닌이 분비되어 치매를 예방하며 염증을 억제하는 놀라운 효과가 나타났다.

Check yourself

스트레스란 무엇인가요?

무용수가 스트레스를 받게 되는
주된 원인은 무엇인가요?

스트레스를 받을때
어떤 기분이 드나요? (심리적 증상)

스트레스를 받으면
어떤 신체 증상이 나타날까요?

스트레스는 어떤 방법으로
극복할 수 있을까요?

참고문헌

강수경(2017). 미술치료적 관점에서 본 빈센트 반 고흐의 작품연구. 미간행 석사학위논문. 신라대학교 사회복지대학원.

김수진(2016). 정신건강간호학. 서울: 현문사.

박도영(2011년 4월 12일). 하루10분 투자로 스트레스 푸는 법 5가지. 코메디닷컴.

박양명(2011년 4월 8일). 한국인 스트레스, 직업-돈-인관관계 순. 코메디닷컴. 대한신경정신의학회.

박준희(2007). 직업무용수의 스트레스요인 분석 및 하타요가 수련을 통한 대처방안 연구. 한국무용과학회지, 14. 22-45.

이성주(2019년 7월 29일). 고흐는 왜 자신의 심장에 총을 겨눴나?. 코메디닷컴.

염민지(2017년 11월 28일). 댄서하우스. 문화체육관광부 국립현대무용단.

우태화(2004). 직업무용수의 스트레스 요인과 대처방안 및 이직의도의 관계. 한국스포츠리서치.

함영준(2019년 5월 30일). 스트레스를 행복의 원동력으로 만드는 법. 마음건강길. 정신신경면역학.

최서영(2019년 5월 23일). 스트레스 방치하면 우울증 된다. 매경헬스.

질병관리본부 국가건강정보포털(KCDC, 2019). 우울증 진단. 대한의학회, 보건복지부.

[단양군 청소년 상담복지센터] 스트레스검사. https://www.danyang.go.kr/dy1388

diet

다이어트

캐러멜 프라푸치노의 유혹

#3

What is Diet?

다이어트란 '살이 찌지 않도록 먹는 것을 제한하는 일'을 말한다. 미용 또는 건강을 위해 음식섭취를 조절함으로써 체중을 줄이고 제한된 식사를 하는 것이다. 다이어트의 범위는 몸무게를 줄이는 것뿐 아니라 그대로 유지하거나 늘리려고 하는 것까지 포함된 체중 조절이며, 모든 식이요법이 다이어트에 포함된다.

무용수들이 자주 듣는 질문이 있다. "발레리나도 밥을 먹나요?" 많은 사람들이 무용수에게 깃는 흔한 궁금증이나. 무용수가 대체적으로 마른 체형인 이유는 매일 반복되는 실기연습과 작품 활동 등 일반인에 비해 몸을 더 많이 움직이기 때문이다. 그렇다면 무용수들은 정말 밥을 먹지 않을까?

춤을 추는 것은 많은 에너지를 소모하기 때문에 음식섭취를 통해 에너지를 충전해야만 한다. 효과적인 연습 및 성공적인 공연을 위한 컨디션의 개선과 부상 방지를 위해서도 잘 먹는 것은 매우 중요하다. 그러나 많은 무용수들의 경우 신체적 만족이 높을수록 무대에서 심리적으로 자신감이 증가하고 표현능력, 기술적 능력이 더욱 극대화될 것이라는 관념을 갖고 있다. 그들이 갈망하는 가늘고 긴 체형을 위해서는 끊임없는 체중 조절 노력이 불가피하다. 그렇다면 무용수들의 건강하고 이상적인 체형을 위한 적정 칼로리(kcal)는 어느 정도 일까? 건강한 다이어트 방법을 알아보자.

«1»

코끼리는 풀만 먹어도 살찐다?

다이어트 식품에 대한 광고가 나오면 잠시 채널을 멈추고는 하지 않는가? 버스나 지하철 등 대중교통 광고면의 다이어트 식품이나 운동기구 등에 눈길이 멈추거나, 또는 연예인이나 유명 인플루언서들을 통해 알려진 다이어트 유행을 따라하며 드라마틱한 효과를 기대하고 있지는 않는가? 건강의 유지뿐 아니라 신체적 외모의 아름다움을 중요시하는 사회문화적 경향은 다이어트에 대한 관심을 더욱 고조시키며, 특히 젊은 여성의 경우 체질량지수(BMI 18.5) 이하의 마른 체중을 미의 기준으로 삼고 다양한 다이어트를 시도한다.

흔히 사용되는 다이어트 방법으로는 완전단식(생수단식), 초저열량 식이요법(덴마크 다이어트, 수지침을 이용한 다이어트, 효소단식), 저칼로리 식이요법(보조식품 섭취방법) 등이 있다. 각 다이어트 방법의 부작용으로는 완전단식의 경우 무기력감과 운동내성이 감소하고, 초저열량 식이요법은 대사상의 문제점 등이 발생하므로 임산부, 노인, 성장기의 18세 미만 대상의 다이어트 방법으로 적절하지 못하다. 저칼로리 식이요법의 경우 고혈압의 비만증 환자나 고지혈증을 가진 사람에게는 적합한 방법으로 지방조직의 소실과 현저한 신진대사의 효과가 있으나 반드시 의사의 처방과 지시에 따라 조절하는 것이 바람직하다. 식이요법은 일시적인 체중감소 효과를 기대할 수 있으나 각자 개인에게 적합한 건강 식단이 반드시 필요하다. 식이요법과 더불어 신체 활동(발레, 한국무용, 현대무용, 짐볼점핑, 조깅, 걷기, 배드민턴 등의 유산소운동)을 병행하는 것은 감량된 체중을 건강하게 유지하는 데 도움이 되며, 무엇보다 식이요법, 신체활동량, 행동변화에 대한 구체적인 계획을 세우는 것이 중요하다.

세상에서 내가 제일 날씬하면 좋겠다!

발레리나 메겐 브뤠어의 사연이 지난해 11월 23일 영국 일간 〈데일리메일〉에 기사화되었다. 살이 찌지 않기 위해 매일 아메리카노 9잔만을 마셔온 발레리나 매건은 8세 때 발레를 배우기 시작했다. 당시 통통한 체형이었던 그녀는 함께 발레를 하던 친구들에게 놀림을 받게 되고, 이후 '작은 치수'에 더욱 집착하기 시작했다. 사춘기가 시작되면서 그녀의 다이어트 방법은 병적으로 심각해졌다. 먹는 것들의 칼로리에 집착하기 시작했고, 과식한 날에는 억울함에 울음을 터트리기도 했으며, 그녀가 18세가 되던 해부터는 음식에 대한 공포증마저 생기게 되었다. 결국 섭식장애가 나타나 매일 알약과 아메리카노 9잔, 오직 카페인에 의존해서 하루를 버티며 10시간 이상 강박적으로 운동을 병행하였다. 결국 매건은 몸무게가 35킬로그램까지 빠지면서 피부색이 회색빛으로 변했고, 뼈만 앙상하게 남게 되었다. 그제서야 그녀와 가족들은 건강의 심각성을 깨닫기 시작했다.

무용수는 자신의 신체를 통하여 아름다움을 표현한다. 아름다움을 극대화하기 위해서는 기술적인 테크닉과 움직임이 만들어내는 몸의 선이 매우 중요하며, 이를 위해서 외모 관리도 병행되어야 한다. 외모에 대한 만족은 자신감과 공연 수행에까지 영향을 미치는 요인이다. 무용수들은 체중계에 오르지 않고도 몇 백 그램 정도가 오른 것을 금방 알아차릴 만큼 체중에 민감하고 아름다운 체형 유지를 위해 노력하므로 그만큼 다이어트에 대한 관심도 끊임없다. 그렇다면 무용수들은 어떤 방법으로 다이어트를 하고 있을까?

"입시 동영상을 찍게 되었는데, 영상은 실제보다 더 통통해 보이기 때문에 살을 더 빼야만 했어요. 그래서 빠른 시간 안에 체중 감량을 위해 찜질방 안에서 운동을 하며 수분을 빼고 오직 레몬 물만 마시면서 5킬로그램을 감량했어요. 하지만 급하게 체중

거식증이란?

섭식장애의 하나로 장기간 동안 심각할 정도로 음식을 거절함으로써 나타나는 질병이다. 병리적 기준으로 기질적 이유 없이 체중의 20% 이상을 잃었을 때 내리는 진단명이다 무월경, 심각한 체중 감소, 왜곡된 신체상, 비만에 대한 강박적 두려움 등이 동반된다. 이 증세를 보이는 사람은 불안, 내향성, 의존성 등이 정상인보다 강하고 강박적 관념을 지니기도 한다.

감량을 하다 보니 2주 만에 다시 원래의 체중으로 돌아가게 되어 힘들었던 기억이 있어요."

_H대학 재학생

"평소에 1일 1식을 하고 있어요. 원래 아침을 먹지 않았고 활동량이 많다 보니, 식사시간을 자주 놓쳐서 점심시간에는 커피나 계란, 바나나 등을 간단히 먹고, 퇴근 후 5~6시 사이에 맛있는 한 끼를 먹어요. 1일 1식이 습관이 되었고 23세 이후로는 체중도 크게 변하지 않고 유지되고 있어요. 하지만 공연에서 체중을 더 감량해야 할 때도 있어요. 그럴 때는 덴마크 다이어트 방법으로 감량해요."

_K발레단 단원

"저는 경락 마사지를 받아요. 무용수에게 마사지는 중요하다고 생각해요. 근육과 긴장으로 뭉친 몸을 경락 마사지를 통해 풀어주면서 얼굴형과 바디라인도 예뻐 보이는 것 같아요. 체중 감량까지는 잘 모르겠지만 마사지를 받고 난 후 더 가볍고 말라 보이는 효과가 있는 것 같아요."

_C대학 재학생

"저는 조금 다양한 방법으로 체중 조절을 해왔어요. 그 중 단기간 체중 감량에 가장 효과적이었던 것은 다이어트 식품이에요. 예를 들면 식욕억제제를 먹으면서 5킬로그램 뺐어요. 그리고 그 다음번에 다이어트 할 때는 한약을 먹었어요. 비용이 좀 들었지만 효과가 있어서 만족했고요. 그러나 부작용으로 불면증에 시달렸고, 강박증과 같이 식품에 대한 집착이 생겨 스트레스와 우울증을 겪었어요. 앞으로는 규칙적인 식단 조절과 운동으로 체중을 조절하는 것이 좋을 것 같아요."

_K무용단 단원

Q 여러분들은 어떤 방법의 다이어트를 경험하였으며 그 방법은 성공적이었나요? 또한 체중은 몇 킬로그램이나 감량하였나요?

«2»

365일 다이어트 (유행하는 다이어트, 따라 해도 괜찮을까?)

세상에는 수많은 다이어트 방법이 존재한다. 그 중 최근 가장 많이 활용되고 있는 다이어트 방법들과 어떤 식단을 지켜야 하는지, 주의할 점은 무엇인지 살펴보자.

1) 저 인슐린 다이어트(Low Insulin Diet)

당 지수(GI, Glycemic Index)가 낮은 식품 위주의 섭취로 인슐린 분비를 조절하여 체중을 감량하는 다이어트 방법이다. GI는 1981년 캐나다 토론토 대학교 젠킨스 박사팀에서 당뇨병 환자를 위한 식단을 제안한 것으로 음식 섭취 후 혈당의 상승 속도 수치(0~100)를 나타내는 값이다. GI 지수가 70 이상이면 높은 것으로, 56~69 중간, 55 이하는 낮은 것으로 분류하고 있다. GI 지수가 높을수록 혈당이 빠르게 상승되고, 낮을수록 천천히 올라간다. 즉 수박(GI 79)이 딸기(GI 29)보다 혈당이 더 빠르게 올라가는 음식이다.

추천 식단 : GI 지수가 낮은 식품 섭취

현미, 렌틸콩, 강낭콩, 오트밀, 식물성 단백질(두부, 콩, 된장), 오렌지, 포도, 토마토, 바나나, 사과, 당근, 우유, 요거트 등의 날것이나 조리를 거의 안 한 음식, 섬유소가 풍부한 음식(해조류, 야채류, 견과류 등)

GI 지수가 높은 식품은?

치킨, 도넛, 감자튀김, 케이크, 바게트 빵, 흰쌀, 밀가루 음식들, 떡, 면 요리 등의 탄수화물과 술, 과일 통조림 등

제한점

- 당 지수가 측정된 식품은 탄수화물 함량이 많은 식품이기 때문에 탄수화물 함량이 적을 경우에는 당 지수 측정이 쉽지 않다.
- 음식을 섭취할 때는 다른 식품과 함께 조리해 먹기 때문에 당 지수가 달라져 기준이 되기는 어렵다.
- 당 지수의 적용 시 개인 간의 차이, 조리법에 따른 차이가 발생할 수 있다.

2) 원 푸드 다이어트(One Food Diet)

한 가지 식품만을 일정 기간 동안 지속적으로 섭취하는 다이어트 방법으로 식단이 간단하여 누구나 쉽게 따라할 수 있다. 이 방법은 식품을 손쉽게 구할 수 있어 비용과 시간을 절약할 수 있고 빠른 기간 내에 다이어트 효과가 나타날 수 있으나 영양 불균형을 초래하여 건강에 해를 끼치는 부작용이 있다.

추천 식단 : 식품 한 가지 종류만을 선택하여 섭취하는 방법

사과, 토마토, 벌꿀, 감자, 포도, 오이, 호박, 고구마, 닭 가슴살 등

부작용

- 칼슘, 단백질, 철분, 필수지방산, 비타민B12, 리보플라빈 등의 영양소 결핍에 의해 장기적으로 시행 시 영양 불균형이 니디니게 된다.
- 근육량의 지속적인 감소가 초래되어 기초대사량이 현저히 낮아지게 된다.
- 심한 근육 분해와 체지방감소로 무월경, 불면증, 영양부족으로 인한 저혈압, 부종, 빈혈, 골다공증, 피로, 피부색소 변화 등의 문제가 나타날 수 있다.
- 적게 먹어도 금방 체중이 늘게 될 수 있으므로 원치 않았던 요요현상이 쉽게 나타날 수 있어 주의가 필요하다.

3) 프로탈 다이어트(Protal Diet)

탄수화물과 지방의 섭취를 줄이고 단백질 위주로 먹는 저칼로리의 식단이다. 빠른 시간 안에 체중을 감량할 수 있으며 운동시간이 부족한 사람들에게 체중 조절을 위한 식이요법으로 활용되고 있다.

단계별 식이요법과 추천 식단

– **공략기**(3~5일): 단백질 음식만을 섭취(양은 상관없이 마음껏 먹을 수 있다)

소고기, 송아지고기, 말고기, 닭고기, 칠면조 등(기름 없는 부위로)

모든 종류의 생선, 갑각류, 조개, 연체류, 달걀, 무지방우유, 허파, 곱창, 선지 등

소금, 간장, 후추, 식초, 고추장, 고춧가루 등 양념은 가능하나 1/2로 줄일 것

– **강화기**(1주일): 주기적 단백질 다이어트(1킬로그램 감량당 1주일 소요)

순수 단백질 및 야채 섭취(감자, 고구마 등은 먹지 않아요!)

토마토, 버섯, 오이, 호박, 시금치, 샐러리, 파, 양배추, 상추, 가지 등

– **안정기**: 목표 체중감량 달성 후 공고하게 다지는 단계(1킬로그램 감량당 10일)

1, 2단계에서 목표 체중의 감량 이후 그 체중을 유지하는 단계

추가적으로 밥, 빵, 과일, 야채 등 높은 열량의 식품을 약간 섭취 허용

단, 견과류는 제외한다.

– **최종 정착기**: '1주일에 단 1일 다이어트' 로 감량한 몸무게를 안정화 하는 단계로 1주일 중 6일은 일반식으로, 매주 같은 날 하루는 순수 단백질 다이어트식으로 섭취하고 2리터의 물을 섭취하도록 한다.

부작용

– 동물성 단백질 과다 섭취는 칼슘 부족과 케톤체의 증가, 신장의 부담 등을 비롯하여 각종 질병에 영향을 미칠 수 있다.

4) 케토제닉 다이어트(Ketogenic Diet) / MCT Oil

케토제닉 다이어트는 지방 섭취를 50% 이상으로 두고, 탄수화물을 15%로 줄이는 것이다. 저탄수화물 고지방 식이요법 중 하나로 단기간 내에 혈당을 낮출 수 있어 일본 국립순환기센터, 미국 듀크대학교 연구팀 등에서 추천하고 있는 식이요법이다. 이 식이요법은 당뇨병, 지방간, 비만 치료 등에도 효과적이라는 평가를 받고 있다. 케토제닉 방법은 아무 기름이나 섭취하는 하는 것이 아니라 유익한 오일을 섭취

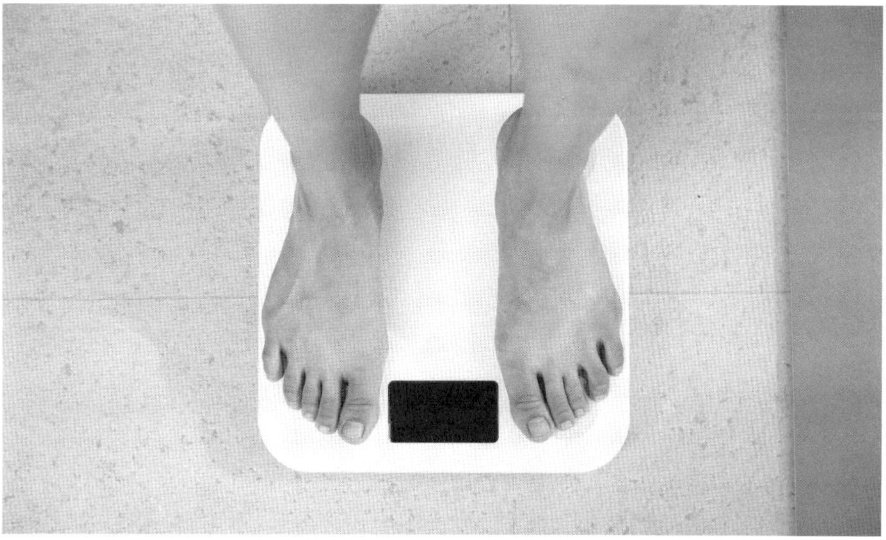

해야만 성공적인 감량이 가능하다. 이 다이어트 방법에 적합한 MCT(Medium Chain Triglyceride) 오일은 몸 안에 지방이 쌓이지 않고 빠른 분해를 하도록 도와준다.

추천 식단

가공하지 않은 소고기, 돼지고기 등 푸른 고등어, 연어, 천연 버터, 치즈, 다양한 종류의 견과류, 열매채소, 달걀 노른자, 중사슬 지방산(MCT oil: 코코넛오일, 크릴오일, 올리브오일 등)에서 나오는 불포화 지방 등

먹지 말아야 할 식단 : 식물성 기름, 버터를 고를 때 주의가 필요하다.

알맞은 종류의 지방을 섭취하는 것이 케톤 다이어트에서 중요하기 때문에 가공버터는 NO!

주의점

- 저탄수화물 고지방 식이요법으로 신장 손상을 초래할 수 있어 주의가 필요하다.
- 지병으로 췌장, 신장, 쓸개 질환을 앓고 있거나, 마른 사람, 비만 수술을 한 사람, 대사증후군 환자, 식욕부진증 환자, 어린이 등은 피하는 것이 좋다.

« 2 »
식단을 뒤집다, 저탄고지(Low Carbohydrate High Fat)

현재 우리는 삶 속에서 쌀, 밀, 면 등 탄수화물 위주의 음식을 가장 폭넓게 섭취하고 있고, 가운데 과일과 채소, 맨 위 꼭대기가 고기, 계란, 치즈 등 지방을 이루는 형태로 되어 있다. 이를 역으로 뒤집어 탄수화물을 적게 먹고 지방 섭취를 더 많이 한다는 의미에서 저탄고지(LCHF, Low Carbohydrate High Fat)라고 말한다.

LCHF(저탄고지)는 윌리엄 벤팅(William Benting)이 '일반인에 대한 비만 해결에 관한 편지(letter on corpulence, 1969)'에서 저탄수화물 식단을 제안하여 언론 매체 및 미디어를 통해 알려지면서 핫 이슈가 되었다. 애초에 미국심장학회에서는 비만예방 및 심혈관계 질환 예방을 위해 저지방식을 제안했는데, 미국인의 식단에서 지방의 비중이 줄어도 비만 인구는 계속 증가해 저지방식의 유용성에 대한 논란이 있었다. 이에 반해 저탄수화물 고지방식은 저탄수화물 식이요법에 대한 관심이 더욱 높아졌으며, 2000년대에 이르러 효과 검증을 위한 연구가 계속되면서 더 많은 관심의 주제가 되

LCHF(Low carbohydrate High Fat)란?

LCHF는 탄수화물을 적게 섭취하고 지방을 많이 섭취하는 방법으로, 식사의 구성을 65~70%를 지방으로, 5~10%를 탄수화물로 섭취한다.

었다.

효과가 검증된 체중 감량의 이론적인 방법으로 규칙적인 운동을 하며 채소와 닭가슴살 등 칼로리가 낮은 음식을 섭취한다면 체중 감량의 효과는 분명히 나타난다. 그러나 LCHF 방법은 음식을 충분히 섭취하면서도 체중을 감량할 수 있다는 점이 관심을 끌고 있다. 그동안 다이어트를 하려면 식단 조절을 위해 외식이나 모임 등을 피해야 하는 경우가 많았다. 그러나 저탄수화물 고지방 식이요법은 고탄수화물 저지방 식이요법 보다 약 4% 정도 체중 감량 효과가 있었으며, 1년 후에 그 차이가 지속되지는 않았다. 탄수화물의 섭취를 줄이고 지방의 섭치를 늘리는 방법이 체중 감량 효과가 있다고 보고한 엣킨스 나이어트가 최근 우리나라에도 알려지면서 LCHF의 방법을 선호하는 사람들이 늘어나고 있다.

"당신은 어떤 식품들을 먹습니까?"

"무엇을 먹는가는 정말 중요한 문제입니다."

저탄고지 식단을 위한 수칙

Eat whole Foods	자연식품을 먹어라
Choose Organic	유기농 식품을 선택하라
Eliminate Processed Foods	가공식품을 없애라
Eliminate Grains & Legumes	곡물과 콩류를 없애라
Embrace Healthy Fats	몸에 좋은 지방을 수용하라
Olive Oil	올리브 오일
Coconut Oil	코코넛 오일
Animal Fats	동물성 지방
Eggs	달걀
Avocados	아보카도
Avoid Dairy	유제품을 멀리하라
Eat Fermented Foods	발효식품을 먹어라
Fast Intermittently	간헐적 단식

저탄고지로 변화된 사람들

자폐증이 있는 아이의 안정화

편식을 심하게 하고 몸을 주체하지 못하는 두 명의 자폐증 어린이의 식단을 저탄고지 식단으로 서서히 바꾸어보았다. 시작한 지 불과 몇 개월이 지나지 않아 놀랍게도 의사표현과 행동능력의 향상으로 얌전해진 아이들을 만날 수 있었다.

암(유방암)에 걸린 여성의 치유

전이가 잘 되는 유방암에 걸린 여성은 전이를 막기 위해 철저한 저탄고지(키토제닉) 식단을 시작하였다. 결과는 전이뿐 아니라 종양을 사라지게 만들었으며 그녀가 마지막으로 받은 MRI 검사에서 의사는 "당신이 암 진단을 받고 치료한 걸 몰랐다면 다른 환자의 차트인 줄 알고 아무것도 안 보인다고 말했을 겁니다"라고 한 일화가 있다. 그 후로도 그녀는 수술, 화학치료, 방사선치료를 단 한 번도 하지 않았다.

인슐린을 매일 투여하는 은퇴 간호사

당뇨를 앓고 있는 그녀는 합병증으로 말초신경병증, 위 마비, 동맥 질환 등 갖은 질병에 시달렸다. 그녀도 마찬가지로 저탄고지 식단을 하고 몇 개월 뒤에 혈당이 정상으로 돌아와 모든 인슐린을 끊었고, 체중도 20킬로그램이나 빠진 그녀는 이렇게 말했다. "영양에 관해서는 의학이나 간호 업무의 지식만큼 배우지 못 했어요".

1) 지나친 다이어트, 어떤 문제점이 있을까?

현대 사회는 이상적인 여성의 외모 조건으로 날씬함을 부각시키고 있으며, 마른 체형을 마치 사회의 지배적 이상형으로 각인시켜 많은 여성들에게 왜곡된 신체상을 형성하였다. 이러한 결과로 다이어트 증후군과 심한 체중조절에 관한 강박증, 체중감량에 따른 섭식장애 등 많은 부작용이 발생되고 있다.

다이어트와 지나친 체중조절로 인한 섭식장애는 일반인들보다 신체적 표현을 강조하는 무용수에게 더 많이 나타난다는 사실이 연구를 통해 밝혀지고 있다. 특히 발레는 작품의 완성도를 높이기 위해 체지방이 적을수록 더 가볍게 움직일 수 있으며 고난이도의 신체 동작들을 가능하게 할 수 있다는 사실 때문에 무용수들에게 필수적인 요소로 여겨지고 있다. 그러나 지나친 다이어트는 금식, 구토, 약물복용, 수분

섭취의 제한, 설사제, 이뇨제 등의 약제를 사용하는 등 극단적인 방법으로 인해 다음과 같은 섭식장애를 일으킨다.

습관성 과식증(Compulsive overeating)

습관성 과식증은 반복적으로 과식을 하게 되면서 먹는 것을 스스로 조절하거나 통제할 수 없고 지나치게 배가 부를 때까지 먹게 되어 신체적인 고통을 수반한다. 그러나 폭식증과 달리 습관성 과식증은 많이 먹은 후 구토를 하거나 변비약을 오용하는 등의 행동은 하지 않고, 많이 먹는 것이 부끄러워 혼자 은밀히 먹거나 과식 후 혐오감과 우울감, 죄책감을 느끼는 특징이 있다.

거식증(Anorexia nervosa)

거식증은 섭식장애의 하나로 장기간 동안 심각할 정도로 음식을 거절함으로써 나타나는 질병으로, 병리적 기준으로 기질적 이유 없이 체중의 20% 이상 소실되는 것이다. 의학적으로 신경성 식욕 부진증으로 불리는 거식증은 자신이 지나치게 뚱뚱해질 것이라는 강한 두려움 때문에 정상적인 체중 유지를 거부하는 정신 생물학적 질병으로 여러 가지 의학적 합병증을 유발한다. 이러한 증상은 무월경, 심각한 체중감소, 왜곡된 신체상, 비만에 대한 두려움이 나타날 수 있으며, 심리적으로 불안, 내향성, 의존증 등이 정상인보다 더 강하게 표출되고 강박적 관념을 지니기도 한다.

폭식증(Bulimia nervosa)

폭식증은 정신의학적으로 신경성 대식증이라고 불린다. 폭식증의 가장 큰 특징은 많은 양의 음식을 빠른 속도로 섭취하고 배가 부름에도 불구하고 먹는 것을 멈출 수 없다. 폭식증의 신체적 부작용으로는, 많은 양의 음식을 지속적으로 급하게 섭취하기 때문에 소화기관에 지나친 부담을 주어 위가 확장되고, 드물지만 경우에 따라서는 위 천공이 올 수도 있다.

왜곡된 신체상(Body Image Distortion)

자신의 체형이나 체중과 관련하여 과한 염려로 자신을 비만수준이라고 생각하고 자신의 체형에 대하여 스스로 낮게 평가하는 것을 왜곡된 신체상이라고 한다. 현대인들은 체형이나 체중의 판단기준을 지극히 주관적으로 인식하고는 한다. 객관적으로 비만이 아님에도 불구하고 자신 스스로 비만이라 판단하는 잘못된 인식을 갖게 되고, 체형에 대한 불만족과 더 마른 체형을 추구하는 경향은 섭식 태도에 영향을 미쳐 섭식장애로까지 발전한다.

Q 그림에서 자신이 생각하는 나의 체형은 어느 정도인가요?

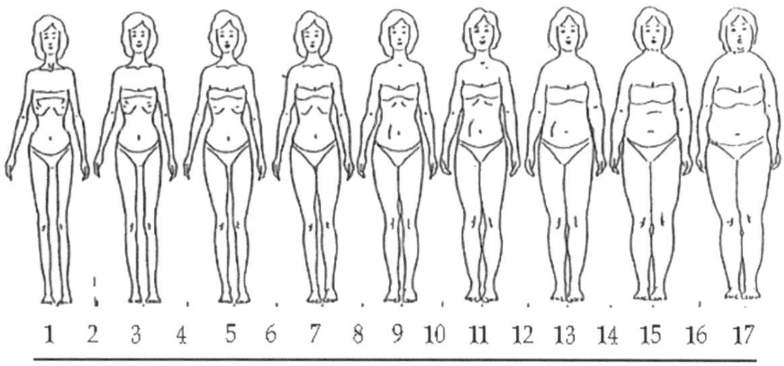

Contour Drawing Rating Scale(Shroff, 2004)

2) 칼로리의 반전

우리는 살이 찌는 이유를 소비 칼로리(kcal)보다 섭취 칼로리가 더 많기 때문인 것으로 알고 있다. 과연 이 논리는 정말 맞는 것일까?

칼로리란 어떤 성분을 태워 물을 얼마나 데울 수 있는가에 대하여 수치화한 것이다. 즉 음식물을 섭취하고 생활하는 인간에게 연료를 태워 돌아가는 기계와 같은 논

나에게 꼭 맞는 다이어트 칼로리는?

일반적으로 자신의 체중을 유지하기 위해서는 기초 대사량에 활동량을 더한 칼로리를 섭취해야만 몸무게를 유지할 수 있다. 이를 '유지 칼로리' 라고 한다. 유지 칼로리에서 300~500kcal 정도를 뺀 수치가 '다이어트 칼로리' 이다.

– 평소 활동량이 적은 사람 〉30~32

– 하루 한두 시간 운동을 하는 사람 〉33~36

– 힘든 육체노동을 하는 사람 〉37~42

– 전문 운동선수 〉43이상

ex. 유지 칼로리 구하기

48kg(자신의 몸무게) X 43(전문 운동선수) = 2064 kcal

리를 적용시킨 것이다. 그렇다면 시판 중인 식품에 표기되어 있는 칼로리는 정확한 것일까?

칼로리가 표기된 제품들을 '칼로리 환산방법'에 따라 계산해보니 표기되어 있는 숫자와 다소 차이를 보였다. 칼로리는 변수가 많으며 같은 재료라도 조리 방식에 따라 열량은 천지차이다. 칼로리는 측정방식에 따라 오차가 있을 수 있으며, 음식을 먹는 사람의 장내 박테리아 등 신체 컨디션에 의해 흡수되는 양이 다를 수 있다. 그렇다면 칼로리의 정확한 측정이 가능할까?

내 몸을 정확히 알고 다이어트를 계획하자!

① 표준 체중 구하는 방법

표준 체중(kg) = (신장(cm) – 100) X 0.9

예) 키 163cm, 몸무게 65kg인 재학생의 표준 체중은 (163 – 100) X 0.9 = 56.7kg

② 비만도 구하는 방법

{실제 체중(kg) – 표준 체중(kg) / 실제 체중(kg)} X 100

예) 재학생의 경우 {(65–56.7) / 65} X 100 = 12.8%이다. 즉 재학생은 비만도가 12.8%이다.

: 표준 체중에서 10% 이내를 정상 범위라고 하고, 10% 초과는 과체중, 20%를 초과하면 비만이라고 한다.

③ 체질량지수 구하는 방법

질량지수 = 체중(kg) / 신장(m) X 신장(m)

예) 재학생의 경우 65 / (1.63 X 1.63) = 24.5이다. 체질량지수는 체지방률 및 건강위험도를 반영하는 지표이다.

18.5~22.9이면 정상체중, 23~24.9는 과체중, 25~29.9는 1단계 비만, 30 이상은 2단계 비만으로 매우 위험한 상태이다. 그러므로 재학생은 과체중이다.

④ 기초 대사량 구하는 방법

기초 대사량 = 655 + {9.6 X 체중(kg)} + {1.8 X 신장(cm)} – (4.7 x 나이)

기초 대사량은 가만히 있어도 생명 활동을 위해 소비되는 최소한의 에너지로, 유전이나 체질 특성, 근육량 등에 따라 조금씩 다르다.

예) 재학생의 경우 655 + (9.6 X 65) + (1.8 X 163) – (4.7 X 31) = 1426kcal가 기초 대사량이다.

Q 여러분들 개개인의 표준체중, 비만도, 체질량지수, 기초대사량, 유지칼로리, 비만도를 계산해 보세요.

- 표준체중은?

- 체질량지수는?

- 기초 대사량은?

- 유지 칼로리는?

- 비만도는?

매 식사마다 칼로리를 계산하면서 식단관리를 한다는 것은 쉬운 일이 아니다. 식품의 성분에 따라 혈당조절에 영향을 미칠 수도 있기 때문에 식이요법에서 식사의 양(kcal)에 대한 조절은 매우 중요하다. 다음의 칼로리 퀴즈를 참고하여 알맞은 양의 음식섭취를 습관화해보자.

내가 먹는 음식과 양에 따른 칼로리 퀴즈

A. 빨간 국물의 두 음식 김치찌개와 육개장 중 열량이 높은 것은 어느 쪽일까?

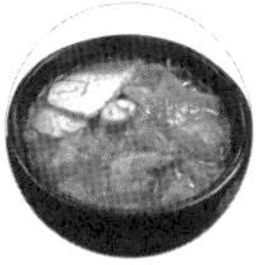

김치찌개

쌀밥(곡류군) 210g, 300kcal

돼지 목살(어육류군) 40g, 113kcal

두부(어육류군) 40g, 113kcal

대파(채소군) 10g, 40kcal

배추김치(채소군) 100g, 40kcal

식용유(지방군) 3g, 23kcal

= 475kcal

VS

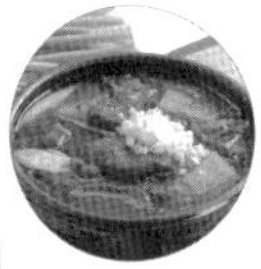

육개장

쌀밥(곡류군) 210g, 300kcal

소 양지(어육류군) 40g, 113kcal

육수(어육류군) 200g, 113kcal

고사리(채소군) 50g, 50kcal

대파(채소군) 20g, 50kcal

숙주(채소군) 30g, 50kcal

팽이버섯(채소군) 50g, 50kcal

= 508kcal

B. 여름철 별미 음식 물냉면과 비빔냉면 중 칼로리가 더 높은 것은?

물냉면

냉면(곡류군) 90g, 300kcal

양재(어육류군) 40g, 113kcal

계란(어육류군) 30g, 75kcal

오이(채소군) 20g,

무(채소군) 50g,

동치미(채소군) 20g, 20kcal

육수 200g, 81kcal

= 589kcal

VS

비빔냉면

냉면(곡류군) 90g, 300kcal

양재(어육류군) 40g, 113kcal

계란(어육류군) 30g, 75kcal

오이(채소군) 20g,

무(채소군) 50g,

동치미(채소군) 20g, 20kcal

양념장 50g, 100kcal

= 653kcal

우리가 즐겨 먹는 기호식품들의 칼로리는?

아메리카노 5kcal **카페라떼** 110kcal

카푸치노 120kcal **카페모카** 130kcal **프라푸치노** 400kcal

생과일주스 1잔 100~200kcal **견과류** 100g 600kcal '하루 섭취량이 정해져 있는 이유'

말린 과일 100g 240~600kcal (곶감 100g 240kcal 말린 바나나 100g 600kcal)

삼계탕 1그릇 900~1000kcal **보쌈** 1인분 300g 800~1200kcal

월남쌈 '다이어트 음식 같았는데……' 쌈 1개 60~90kcal (일단 라이스페이퍼가 1장에 20kcal)

미숫가루 100g 350~400kcal (음료나 간식보다는 식사대용품에 가깝다. 미숫가루가 살찌우는 데 얼마나 좋을지 생각해보면, 단백질 파우더와 섞어서 소위 '미숫게이너'를 만들어 먹는 사람도 있을 정도다.)

로켓 1개 380kcal **뻥튀기** 100g 350~400kcal (추억의 간식, 가볍고 부담 없는 맛으로 한때 뻥튀기 다이어트가 유행하기도 했다. 그러나 수분이 날아간 탄수화물 덩어리!)

아이스바(예: **메로나**) 1개 130kcal

팥빙수 1059kcal **녹차빙수** 1146kcal **딸기빙수** 974kcal

그나마 'Low'

빵은 **바게트** 3조각 90kcal **식빵** 1쪽 100kcal **컵케이크** 1개 150kcal

(하지만 딸기잼, 땅콩잼, 무화과잼 등을 발라 먹으면 밥 한 공기와 비슷하다!)

그래도 'Normal'

소보로 1개 230kcal **단팥빵** 1개 250kcal **참치 샌드위치** 280kcal

칼로리 폭발! **카스텔라** 1개 320kcal **치즈케이크** 1조각 330kcal **크로켓** 1개 380kcal

방울토마토 100g 16kcal **바나나** 93kcal **사과** 100kcal **오렌지** 80kcal **우유** 200ml 100kcal

Check yourself

무용수는 왜 다이어트를 해야만 하나요?

건강을 해치지 않는 다이어트 방법으로는 어떤 것이 있을까요?

어제 하루 동안 먹었던 음식의
총 칼로리를 계산해보세요.

지나친 다이어트로 인해 나타날 수 있는
부작용은 무엇일까요?

참고문헌

박선정(2012). 무용전공 여학생들의 체형만족도에 따른 섭식척도와 섭식장애와의 관계. 대한무용학회지. 70(4). 27-46.

김덕하 2010 20대 여성의 실제체형, 지각체형, 타인평가체형, 이상체형에 따른 체형만족도 : 신체비만도를 중심으로. 한국디자인문화학회지. 16(2). 82-97.

Pierre Dukan(2007). *The Dukan Diet Recipe Book*. London: Hodder & Stoughton.

[시사상식사전 지식백과] 혈당지수(GI). https://terms.naver.com/entry.nhn?docId=5751707&cid=43667&categoryId=43667

[다이어트신] https://www.dietshin.com

#4

슬럼프

기다려, 구해줄게!

What is Slump?

"도망치고 싶습니다. 언제부터인지 모르겠지만 끝없이 소모되기만 하는 에너지와 똑같이 반복되는 삶에 지쳤습니다. 죽어라 노력하고 있지만 더 이상 향상되지 않는 실력, 그리고 감당하기 힘든 주위의 기대와 책임을 내려놓고 어디로든 훌쩍 떠나고 싶습니다."

우리의 결심 속에는 지금의 내 모습보다 더 나은 상태로 변화하겠다는 목표가 있고, 이를 위해 어떤 노력을 하겠다는 계획이 담겨 있다. 작심삼일의 고비를 넘기고 목표를 위한 꾸준한 노력을 지속했다면 이제 나름대로의 성과를 체험할 시점이다. 그것이 무용이든 공부든 다이어트든 초창기에는 온갖 노력을 한 후 변화가 나타나는 시점에서부터는 내 모습을 보고 뿌듯함을 느끼게 된다.

그러나 초기 변화의 크기와 감흥은 생각보다 오래가지 못하고 변화와 성장이 계속해서 지속되지 않는다. 이전과 똑같은 노력을 쏟아부어도 더 이상의 변화나 발전 없이 멈추는 순간에 도달한다. 이와 같이 훈련이나 연습을 반복해도 효과가 없고, 실력이 향상되지 않는 경우를 '슬럼프(slump)' 혹은 '침체기'라고 한다.

오래전부터 운동생리학이나 심리학 분야의 전문가들이 슬럼프의 원인을 밝혀내려고 노력하고 있지만 아직도 슬럼프의 다양한 원인에 대해 명확하게 밝혀지지 못한 부분들이 존재한다. 같은 훈련을 반복할수록 그 효과가 감소하는 것이 슬럼프의 시작으로 추정하지만 슬럼프의 구체적인 원인이나 해결방법은 사람마다 다 다르다.

슬럼프는 우리에게 자연스럽게 일어나는 일 중 하나일지도 모른다. 그러나 우리의 몸과 마음은 안정된 상태를 유지하려는 노력을 통한 실력 향상과 관련된 긍정적 변화에 대해서도 스트레스와 피로를 누적시킨다. 그러다 보면 더 이상 변화가 필요

무용에서의 슬럼프(Slump)

테일러는 무용에 있어서의 슬럼프는 다양한 상황에서 정상적인 변화로 간주하기보다는 이유가 밝혀지지 않는 무용수들의 공연력 감퇴라고 정의하였다. 완벽한 공연을 보이지 못하였거나 과도한 연습으로 인한 부상, 지나친 긴장감으로 인한 스트레스, 그만두고 싶다는 생각, 자신의 일에 즐거움을 느끼지 못할 때 오는 회의감과 무기력한 상태 등이 슬럼프를 만든다고 할 수 있다. 이런 현상을 누구나 다 똑같지는 않으며 개인의 성격이나 경험에 따라서 슬럼프 상태의 특성은 여러 가지 형태를 가진다. 거의 모든 무용수들이 실력을 쌓고 키우는 도중에 한번 이상 슬럼프를 겪으며, 그 중에는 원인을 발견하지 못한 채로 이 고통에서 벗어나고자 춤을 포기하는 경우도 많다(Taylor, J & Taylor, C, 1995).

없는 평형상태에 도달한다. 당연히 누구나 끊임없는 발전과 성장을 원하지만 그것이 계속되지는 않는다. 다들 그 변화의 끝에는 안정된 상태에서 여유를 누리며 느긋하고 편안하게 보낼 수 있는 시간을 꿈꾸고 있을 것이다. 문제는 그게 언제냐는 점이다. 우리는 변화 그 자체가 좋아서 변화하고 발전하려는 것이 아니다. 지금 내가 머물러 있는 상태에서 새로운 안정을 계속해서 누리기를 원하는 것이다. 슬럼프는 바로 그런 안정된 상태다. 만약 원하는 모든 것을 이루고 그 다음에 슬럼프가 찾아왔다면 우리는 이 정도면 충분하다는 뜻으로 받아들이고 물러섰을 것이다. 하지만 내가 원하는 상태에 도달하기 전에 몸과 마음이 안정을 찾으려고 하니까 문제가 되는 것이다. 그렇다면 어떻게 해야 이런 슬럼프에서 벗어날 수 있을까?

마음의 평정을 찾는 것이 우선이다. 사소한 실수는 회복할 수 있다. 하지만 그 사소한 문제에 흔들려 침착함을 잃으면 더 큰 실수로 이어지고 심각한 슬럼프에 빠져 최악의 경우에는 스스로 자멸하게 된다. 평정을 찾으려면 일단 하던 일을 잠시 멈출 필요가 있다. 그리고 객관적인 시선으로 나를 바라보고, 나를 잘 아는 사람의 조언을 듣는 것 또한 효과적이다.

자신감의 회복도 중요하다. 지금까지 내가 이루어낸 것들을 확인해보고 모든 것을 시작하기 전의 상태로 돌이켜 생각해보자. 그리고 얼마나 대단한지 느껴보자! 또한 단기목표를 세워 지난 주 혹은 어제의 나보다 조금 더 발전하는 것에 집중한다면 그만큼 내 자신감도 강해질 것이다.

슬럼프는 고통스러운 시련일 수도 있지만 대개의 경우 슬럼프는 다음 단계로 성장하기 위한 준비과정이다. 나를 돌이켜보고 지금 하는 일의 의미를 되새길 수 있는 기회이기도 하다. 극복하기보다는 더 나은 나를 준비하는 시간이라고 생각하자.

자가진단 테스트 : '번아웃 증후군(Burnout Syndrome)'

- 이전에 즐거웠던 일들이 요즘은 무미건조하고 일상에서 행복이 느껴지지 않는다.
- 아침에 눈 뜰 때마다 오늘 하루를 버티는 것부터 걱정한다.
- 어디론가 훌쩍 떠나고 싶다.
- 전에는 그냥 넘길 수 있던 일들이 요즘에는 짜증나고 화를 참지 못한다.
- 기억력이 옛날 같지 않고 자꾸 깜박깜박 한다.

0개 해당
현실에서 일상의 과제를 성실하게 처리하는 단계.

1~3개 해당
삶의 의욕이 상실되고 있는 단계. 휴식을 취하고 재충전의 시간을 가질 필요가 있다.

4~5개 해당
'번아웃 증후군'이 의심 가는 단계. 우울증이나 수면장애를 겪을 가능성이 높다. 극복할 대안을 찾아야만 한다.

슬럼프, 무기력, 의욕상실… 난 번아웃(Burnout)?

'번아웃 증후군'이란 연료가 모두 불타버려서 더 이상 제 기능을 못하는 것처럼 정신적, 신체적 피로로 인해 갑자기 무기력해지는 증상을 말한다. 평소에는 매우 활동적이고 적극적으로 열심히 살아온 사람들에게 자주 나타난다. 보통 자신의 삶에 최선을 다하려고 강박적으로 애쓰다가 어느 날 갑자기 몸과 마음의 에너지가 고갈된 모습이 나타난다.

«1»

춤태기 : 춤 권태기

'한국 신무용의 대모', '한국무용계의 전설'이라 불리는 김백봉은 오로지 춤에 대한 열정 하나로 한국무용을 닦아갔다. 당시 무용가 최승희의 문하에서 실력을 쌓았고 해방 후 고향인 북에서 춤의 길을 걸었지만 경직된 사회 분위기 속에 작품 활동에 제약을 느낀 그녀는 자유를 찾아 남편과 함께 남한으로 왔으며 무용가로서 새로운 전환점을 만나게 되었다. 늘 친북이라는 꼬리표가 붙어 있었지만 김백봉은 한국무용을 지키겠다는 일념으로 창작 활동을 계속해 나갔으며, 무용과를 개설해 후학 양성에 힘을 쏟았다. 그러던 중 1971년 교통사고를 당해 몸이 불편해지면서 극심한 슬럼프에 빠져 작품 활동에 큰 어려움을 겪었고 점차 위축되어만 갔다. 혼란 속에서 김백봉이 선택한 방법은 '내려놓음'이었다. 지금까지 춤을 출 수 있게 해준 몸을 조금이나마 쉴 수 있게 해줘야 한다고 생각했다. 비록 작품 활동은 하지 못하지만 무대에 대함 감과 박자, 호흡 등을 잃지 않도록 음악 감상도 열심히 했다. 그때 탄생한 춤이 '청명심수'의 틀이 되었고, '청명심수'는 부채춤, 화관무에 이은 김백봉의 대표작으로 사랑받고 있다.

> "앉지도 서지도 못했는데 옷을 벗고 흘러나오는 음악에 맞춰 춤을 추기 시작했어요. 천국이 여기 있는데 세상에 그렇게 좋을 수가 없어요…… 가장 힘들고 어려울 때 나의 천국을 찾았어요. '청명심수'는 나의 일기장 같은 작품이에요."
>
> _김백봉

무용수에게 사고 후 부상은 슬럼프로 이어지며 슬럼프는 위기가 될 수도, 기회가 될 수도 있다. 다시 말해 슬럼프는 무용수에게 걱정, 혼란 그리고 불안을 가져오는 원인이 되기도 하며, 아무런 이유 없이 갑자기 슬럼프에 빠지기도 하고 또 나도 모르는 사이에 빠져나오기도 한다. 앞서 말했듯이 슬럼프의 원인에 대해서는 의견의 일치를 보지 못하고 있다. 무용가에 따라 연기력의 극적인 저하를 심리적인 원인과 관련짓기도 하는 반면, 신체적인 문제라고 생각하기도 한다.

슬럼프를 어떻게 극복할 것인가에 대한 의견도 분분하다. 어떤 사람들은 무용수들의 훈련을 강화하고 그것을 이겨내도록 시켜야 한다고 믿는다. 반면 적당한 시기에 일정 기간 동안 훈련과 공연에서 완전히 벗어나 쉬게 하는 것이 좋다는 제안을 한다. 어떤 견해를 가지고 있든지 슬럼프는 거쳐가는 일련의 과정이며, 시간이 지나면서 연기력도 정상 수준을 회복한다. 원인이나 극복방법에 대한 의견은 분분하지만 무용에 있어 슬럼프는 공연과 관련된 다양한 문제들을 설명하기 위해 자주 사용된다. 정상적인 변화라고 간주하는 것보다 확대 해석하면 이유가 밝혀지지 않는 무용수의 연기력 감퇴라고 정의되며, 슬럼프를 구별하는 세 가지 기준을 제시한다. 나의 슬럼프 상태를 점검해보자!

슬럼프를 구별하는 세 가지 기준

평소 연기력과의 비교

나의 전반적인 무용 공연수준이 어느 정도인지 파악하고 현재 나의 연기력 수준과 뚜렷한 차이 가 나는지 알아본다. 공연에 대한 무용수들의 인식은 종종 현실과 차이가 있을 수 있는데, 약간의 차이에도 민감하게 반응하여 정상 이하로 생각하는 경우가 있다. 실제로 기대 이하로 연기를 하고 있는지에 대한 정확한 판단이 매우 중요하다.

"무대가 두려워지는 부분이 어느 정도 생겼으니까 슬럼프는 시작되었다고 봐야죠."

체력 저하

무용수의 신체는 움직임 수행에 있어 중요한 도구이며, 공연 수행 능력에 가장 중요한 요소이다. 무용수들은 다양한 원인으로 인하여 체력 저하를 느끼게 되는데 많은 무용수들의 그러한 상태를 슬럼프라고 본다.

"작품에 임할 때 육체적으로 힘드니까 집중을 할 수가 없어요. 정신적이든 육체적이든 체력의 고갈로 확실히 슬럼프가 빨리 오고 극복이 안 돼요."

부정적인 심리 상태

무용수들은 종종 불안감, 답답함, 정체성 혼란 등 여러 가지 다양한 부정적인 심리적, 정신적 상태를 경험한다. 정상적인 범주에서 벗어난 상태로 자신감 부족, 집중력 상실을 가져와 공연 수행에 어려움을 겪게 된다.

"왜 무용을 할까? 왜 무용이 더 이상 늘지 않을까? 나는 여기서 무얼 하고 있는 걸까? 등 내 마음 상태가 힘들어지는 거죠. 정체성의 문제를 생각 했을 때 실질적인 슬럼프가 아닐까 해요. 심리적 공황 상태!"

위의 기준을 통해 나 자신이 슬럼프로 간주되었다면, 다음 페이지의 빈칸을 채우고 슬럼프의 원인을 함께 찾아보자.

무용수행 능력의 저하, 공연력 감퇴를 가져오는 슬럼프를 완화시키기 위한 첫 번째 단계는 슬럼프의 원인을 찾는 것이다. 원인을 찾는 것이 슬럼프 해결의 열쇠이기 때문이다. 슬럼프의 원인을 찾아내지 못한다면 슬럼프를 극복하는 데 많은 어려움이 따르게 되고 또 다른 이차적인 슬럼프 원인의 원인으로 이어질 수 있다

슬럼프의 원인을 결정하는 데 있어 일반적인 실책 중에 하나는 확실하게 드러난 원인만을 주요인으로 취급한다는 점이다. 예를 들어, 슬럼프에 빠진 무용수는 자신

슬럼프(Slump) 확인하기

평소 나의 연기력의 어느 정도인가? 100점 만점에 몇 점인가?

공연 시즌 동안 전형적으로 나타나는 특출하거나 저조한 증상들은?

최근의 공연들은 현저하게 저조하였나?

공연력 감퇴(연기력 저하)에 대한 분명한 원인은 무엇인가?

감과 집중력이 떨어지기 때문에 근본적으로 심리적인 문제라고만 생각하기 쉽다. 그 결과 다른 잠재적인 문제들은 묵인한 게 된다. 그러므로 1차적 원인, 2차적 원인, 그리고 거의 관련이 없을 것 같은 원인들까지도 분석해야 하며, 각각의 원인들은 체계적으로 설명되어야만 한다.

이 과정을 어렵게 만드는 것은 원인들로 인한 결과를 예측할 수 없다는 점이다. 슬럼프의 원인을 발견할 수 있는 포괄적인 테스트를 받게 함으로써 확인 과정을 시작할 수 있으며, 최선책은 분명하게 드러난 원인들을 규명하는 것이다. 점차 시간이 지나면서 의문으로 남았던 원인은 드러나거나 아니면 그 영향력이 줄어들게 된다. 슬럼프의 복합적인 원인을 보다 더 잘 설명하기 위해 신체적 원인, 심리적 원인, 사회적 원인으로 나누어 세부적인 내용을 살펴보고, 실제적인 사례와 함께 나의 경험에 대해 자유롭게 서술해보자.

1) 신체적 원인

모든 무용수들에게 엄격한 훈련의 과정이 필수 불가결한 것이기 때문에 무용수들은 항상 지쳐 있고 부상 위험에 노출되어 있다. 가장 두려운 일 중 하나는 갑작스럽게 부상을 당하는 것이다. 부상은 또 다른 부상을 유발하고 무용수들은 상당 기간 연습조차 하지 못하는 경우가 생기면서 원래의 실력을 회복할 수 있을까 하는 의구심에 빠지기 쉽다.

> "공연을 앞두고 부상을 당한 적이 있어요. 1년을 쉬었지만 재활운동을 하면서 혼자 복귀했죠. 자기가 뭘 원하는지 잘 알아야 하는 것 같아요. 그게 확고하면 좌절할 일이 없죠. 회사생활 하면서도 얼마나 많은 상처를 받나요. 저는 최고가 돼서 후배나 많은 이에게 도움 줄 수 있는 무용수가 되려는 목표가 뚜렷했기에, 누군가 상처를 줘도 여기서 내가 져버리면 목표를 못 이룬다는 생각으로 채찍질을 한 거죠."
>
> _마린스키 발레단 주역 무용수, 김기민 인터뷰 중에서

"2013년부터 시작된 건염이 2015년 만성이 되고, 2017년 4월에 아킬레스 부분 파열, 10월에 완전 파열 진단을 받았습니다. 3분의 1밖에 남아 있지 않았던 아킬레스건이 더 이상 버틸 수가 없었던 것 같아요. 수술 후 마취가 풀리면서 진통제와 무통주사가 소용없을 정도로 극심한 통증에 잠을 못 이룰 땐 무대에 서지 못할 것만 같아서 불안했습니다. 하지만 결국 시간이 약이라는 것을 느꼈고, 재활을 통해 더 강인해질 제 아킬레스건을 기대하며 견뎠습니다." _K 발레단 단원

Q 부상 또는 체력 저하로 인한 슬럼프에 빠진 경험이 있나요?

2) 심리적 원인

무용수들의 무용 수행에 있어서 가장 큰 결실은 바로 공연이다. 공연에 긴 시간을 투자하게 되고 그럴수록 공연으로 인해 발생하는 슬럼프의 원인도 많아진다. 심리적 원인에는 공연과 관계된 문제뿐 아니라 부모, 친구, 선·후배, 교사와의 관계, 그리고 파트너와의 호흡, 공연 후의 허탈함, 미래에 대한 불안, 반복적인 연습 등 다양한 원인들이 슬럼프를 초래하기도 한다.

"공연을 일주일 앞두고 갑작스러운 파트너의 부상으로 새로운 파트너와 호흡을 맞춘 적이 있어요. 연습 때부터 호흡이 잘 안 맞아 불안했어요. 서로의 의견을 듣고 조율했지만 시간도 부족했고, 뭔가 익숙한 파트너가 아니라서 불안했죠. 역시나 불안감은 무대에서 큰 실수로 이어졌어요. 공연이 끝난 후에는 자책감에 허탈감까지 더해져 아무것도 하고 싶지 않았어요." _H 대학 재학생

"저 같은 경우는 공연이 끝난 다음에 슬럼프가 꼭 찾아오는 편이에요. 큰 공연은 보통 두세 달 연습을 하는데 그동안은 모든 스케줄을 공연에 초점을 맞춥니다. 어떤 배역에 캐스팅이 되든 저의 모든 에너지를 다 쏟아붓습니다. 그렇게 석 달 정도 연습하고 3~5회의 공연을 끝내고 무대를 내려오면 행복하지만 허탈합니다. 탈진 상태에서 오는 허무함과 더 잘할 수 있었는데 하는 아쉬움. 모든 것들이 겹쳐지면서 갑자기 의욕이 없어지고 연습하기 싫어지고 그렇습니다."

_W 발레단 단원

"처음 무용을 시작했을 때나 10년이 지난 지금이나 발레는 발레대로, 한국무용은 한국무용대로, 현대무용은 현대무용대로 워밍업이 다 똑같잖아요. 몸의 긴장을 어떻게, 어떤 방법으로 푸느냐에 따라 공연의 성공과 실패가 좌우되는데 지겨울 때가 있습니다. 학교 내 생활이 늘 반복이니까 지겹고, 발전도 없고, 미래는 불안하고…… 지금까지 춤춘 것이 아깝다는 생각이 들 때도 있지만, 연습하러 가기가 싫어집니다."

_S 대학 재학생

Q 공연을 준비하면서 혹은 마친 후에 슬럼프에 빠진 경험이 있나요?

3) 사회적 원인

"개인적인 생각이에요. 어떤 안무가들은 내 성에 안 찼었어요. 공연하는 것도 그렇고 준비해가는 과정도 그렇고 내가 생각하기에는 저게 아니고 저렇게 해서는 안 되는데…… 무용수들과 소통하지 않고 마음대로 진행해나가는 것이 당연시되고…… (중략)"

_P 무용단 단원

"서로 견제하는 것 때문에 힘들었어요. 그리고 바뀐 환경에 빨리 적응하지도 못했어요. 나를 주시하는 사람들이 너무 많고, 적은 많아지고, 동료들과 가치관도 달라서 결국 혼자가 되었어요. 혼자가 되니까 하루하루가 너무 힘들었어요. 춤에 대한 혼란, 동료들과의 잦은 마찰, 나도 모르는 나에 대한 소문들…… 지금 생각해봐도 심하게 당한 것 같아요. 그만둬야 하나 그런 생각도 굉장히 많이 했었어요."

_H 대학 재학생

"선생님이 차별했어요. 고등학교 때부터 가르쳤던 자신의 제자가 학교 후배가 되어 들어오니 그 친구만 챙겼어요. 제가 아무리 열심히 해도 대놓고 그 친구만 예뻐하니까 춤을 출 의욕이 싹 사라졌어요."

_E 대학 재학생

무용단 단체에 소속되어 있는 무용수들은 대부분 동료들 간의 갈등으로 인한 크고 작은 여러 유형의 슬럼프를 경험해본 적이 있을 것이다. 혹은 지도위원이나 단장 또는 안무가와의 갈등을 경험하기도 한다. 특히 상명하복의 위계체계는 국공립 단체에서는 그러한 갈등의 주요 원인 중 하나이다.

Q 학교 혹은 무용단 내 동료들과의 갈등으로 슬럼프에 빠진 경험이 있나요?

«2»
연습…… 도망가버릴까?

무용수가 연습을 하루 거르면 자신의 몸이 알고, 이틀 거르면 주변 동료들이 알고, 사흘 거르면 관객이 안다. 음악가 야사 하이페츠(Jascha Heifetz)가 한 말을 무용수들이 인용하여 자주 쓰는 말이다. 하루 연습의 차이가 엄청난 결과를 만든다. 이처럼 하루하루의 연습이 매우 중요함에도 불구하고 많은 무용수들은 슬럼프로 인해 연습을 등한시하게 되는 경우가 있다. 무용을 하면서 겪게 되는 크고 작은 슬럼프의 원인들이 무용수들에게 치명타가 될 수도 있다.

슬럼프를 겪게 되면 '도망치고 싶다'라는 생각이 가장 앞서는 경우가 대부분이다. 교사의 입장에서 보면 잠적이다. 심리적으로 매우 불안한 상태에 빠져 자신감이 없어지고, 의욕이 상실되고, 연습이 제대로 되지 않으니 자연스럽게 사라지는 것이다.

이 도망치고 싶은 마음은 '방어기제'라는 것이 발동되기 때문이다. 방어기제란 예상되는 심리적 고통에서 자아를 지키기 위해 내 마음이 무의식적으로 펼치는 방어막을 의미한다. 이러한 방어기제 가운데에는 고통을 적절하게 유지하면서 자신을 발전시킬 수 있는 성숙한 방어 기제도 있지만, 감당하기 어려운 감정을 억압하고 부정하는 미성숙한 방어기제도 있다. 슬럼프에 빠졌을 때는 내 마음을 들여다보고 원인을 찾아야 하는데, 그러지 못하는 것은 미성숙한 방어기제 때문이다. 현실의 갈등과 불안, 그리고 상처를 직면하기 싫은 마음이 자꾸만 방어막을 치고 도망치는 쪽을 선택한다. 때로는 나 자신이 도망치고 있다는 사실조차 알아차리지 못한 채로 말이다. 감기에 걸리면 감기약을 먹고, 암에 걸리면 표적치료를 하는 것처럼 마음의 문제도 명쾌하게 해결할 수 있다면 얼마나 좋을까? 하지만 마음속에 일어나는 생각과 감정은 우리 의지대로 조절하기 매우 어렵다. 오히려 나의 바람과는 아무 상관없이 흘

러갈 때가 더 많다.

중요한 무대를 앞두고 잔뜩 긴장한 탓에 연습이 제대로 되지 않은 경험이 누구나 있을 것이다. 그럴 때 '연습할 게 많이 남았는데 한참 더 해야 하는데 지금 이럴 때야? 쓸데없는 생각 말고 집중하자!'라고 다그친들 효과가 있을까? 잠깐은 억누를 수 있어도 곧 불안이 용수철처럼 튀어 오를 것이다. 우리의 의식은 주의를 다른 곳에 기울이려 하면 할수록 도리어 그 한곳으로 집요하게 파고드는 특성이 있다. 즉 부정적인 생각과 감정을 억지로 바꾸거나 외면하고 도망치는 것은 해답이 될 수 없다는 것이다.

그렇다면 어떻게 해야 할까? 도망치고 싶어하는 마음에 작은 파동을 일으킬 수 있는 질문을 던져보는 것이다. 그리고 스스로 답하는 과정에서 나를 슬럼프에 빠지게 한 진짜 원인이 무엇인지 직면해야 한다. 이유 없는 불안은 없고, 쓸모없는 상처는 없다. 도망치고 싶은 마음의 원인을 알고 그것을 힘껏 껴안았을 때 비로소 슬럼프를 극복하고 변화하게 된 나를 그려볼 기회가 생겨날 것이다.

Q 슬럼프로 인하여 도망치고 싶었던 경험이 있나요?

«3»
그럼에도 나는 춤추고 싶다

"다른 사람과 자신을 비교하지 마세요. 모든 사람은 각자의 타임라인이 있습니다. 나의 길을 뚜벅뚜벅 걸으면서 내가 나를 포기하지만 않으면 아무리 돌아간다 해도 꼭 목적지에 다다를 수 있을 것입니다. 내가 할 수 있다는 믿음을 가져야 합니다. (중략) 다른 사람의 마음을 움직일 수 있는 예술가들은, 그들의 삶의 향기가 아름다워야 다른 사람들에게까지 전달될 수 있습니다."

덴마크 왕립발레단의 유일한 아시아인 무용수 홍지민의 2014년 인터뷰 중 일부를 발췌한 것이다. 반대가 심했던 부모님을 선생님과 함께 끊임없이 설득하여 예원학교에 진학하고, 16세의 나이에 홀로 캐나다 국립발레학교로 유학을 떠났다. 학교 졸업을 앞두고 갑자기 악화된 건강과 부상으로 4년 정도 춤을 추지 못했고 그 당시 의사를 포함한 주변 모든 사람이 홍지민의 상태를 보고 그녀가 다시는 발레를 하지 못할 것이라고 생각했다. 하지만 그녀는 모두의 예상을 뒤엎고 칠전팔기의 정신으로 자기 자신을 포기하기 않았다. 자신만의 길을 묵묵히 걸으며 시련을 딛고 일어섰다.

우리가 생각하기에 성공한 사람들은 단 한순간도 지치지 않고 계획한 모든 일을 빈틈없이 완수했을 것 같지만, 실상은 그렇지 않다고 한다. 그들도 일반인들처럼 '포기'라는 글자 앞에 흔들리고 낙담하기도 한다. 평범한 사람들과의 차이점은 자기 스스로에게 적극적인 동기를 부여하고 그로부터 에너지를 얻어 다시금 새롭게 도전해서 성과를 이루어낼 때까지 하고자 하는 일에 끝장을 봤다는 점이다.

이와 같이 성공에 대한 칭찬보다 더 중요한 것은 슬럼프에 빠졌을 때 이를 받아들이고 겪어내는 방식이다. '이 실패에서 내가 배울 수 있는 것은 무엇일까? 다음에 내가 다시 이런 상황에 처하면 어떻게 할 것인가?'라고 스스로에게 물어보아야 한다. 실패 역시 학습의 과정이다. 그리고 실패는 다음에 더 잘할 수 있는 방법을 가르쳐주는 열쇠이기도 하다. 어쩌면 실패는 우리가 더 나은 존재로 탈바꿈하는 절호의 기회가 될 수도 있다.

슬럼프는 누구에게나 고통스러운 시련이지만, 분명한 것은 다음 단계로 성장하기 위한 준비과정이라는 점이다. 극복하기 보다는 더 나은 나를 준비하는 시간이라고 생각하며 그 방법에 대하여 알아보자.

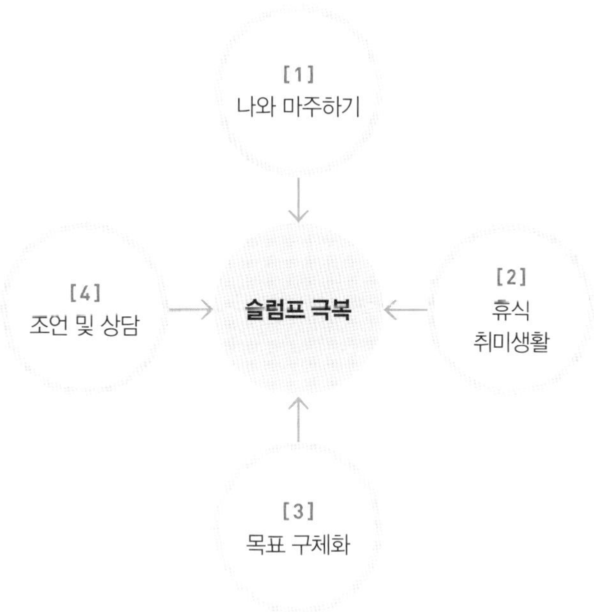

1) 슬럼프, 오는 것이 정상이다. 나와 마주하다!

슬럼프로부터 회복이 어려운 사람들은 자신의 상태를 잘 인정하지 못하는 사람들이다. 자신에게 벌어지는 반복된 실수나 실패로 인한 의욕상실, 그리고 이어지는 악순환, 즉 슬럼프의 과정을 인정할 수 없는 것이다. 지금 내가 겪고 있는 슬럼프가 매번 반복되고 있는 것이라면 더욱이 그렇다. 마음속의 원인을 알아차리지 못하고, 그것을 털어내지 못했기 때문이다. 내 마음속에 새로운 공간이 생겨날 때야말로 비로소 슬럼프에 대처하거나 그것을 털어낼 수 있는 새로운 가능성을 기대할 수가 있다. 그러므로 우리가 가장 먼저 해야 할 일은 나 자신을 찬찬히 들여다보는 것이다. 나와 마주하게 되는 것들이 지지부진한 슬럼프 상황에서 벗어나 꿈을 좇아 실현해 나갈 수 있는 출발점이 되어줄 것이다. 그리고 그 시작은 변명하거나 도망치고 싶은 자신을 극복하고, 어리석은 줄 알면서 계속 어떤 행동을 해왔다는 것부터 '인정'해야 한다. 즉 자신에게 솔직해지는 것, 그것이 바로 슬럼프를 극복하는 첫걸음이다.

우리는 일이 잘 풀리지 않을수록 이전의 방식에 더 매달리는 경향이 있다. 부상으로 인해 늘 맡아왔던 배역의 춤이 전처럼 되지 않고 엉망인데도 계속 무리하게 춤추려고 하는 것은 한참 잘못된 것이다. 이런 상황을 벗어날 수 있는 유일한 방법은 '스스로 자신을 알고 이해하는 것'이다. 자신을 다독이며 위로한 뒤 그 원인에 집중하는 것이다. 아래의 칸에 무용 공연 슬럼프의 원인이라 여겨지는 구체적인 생각들을 적어보자.

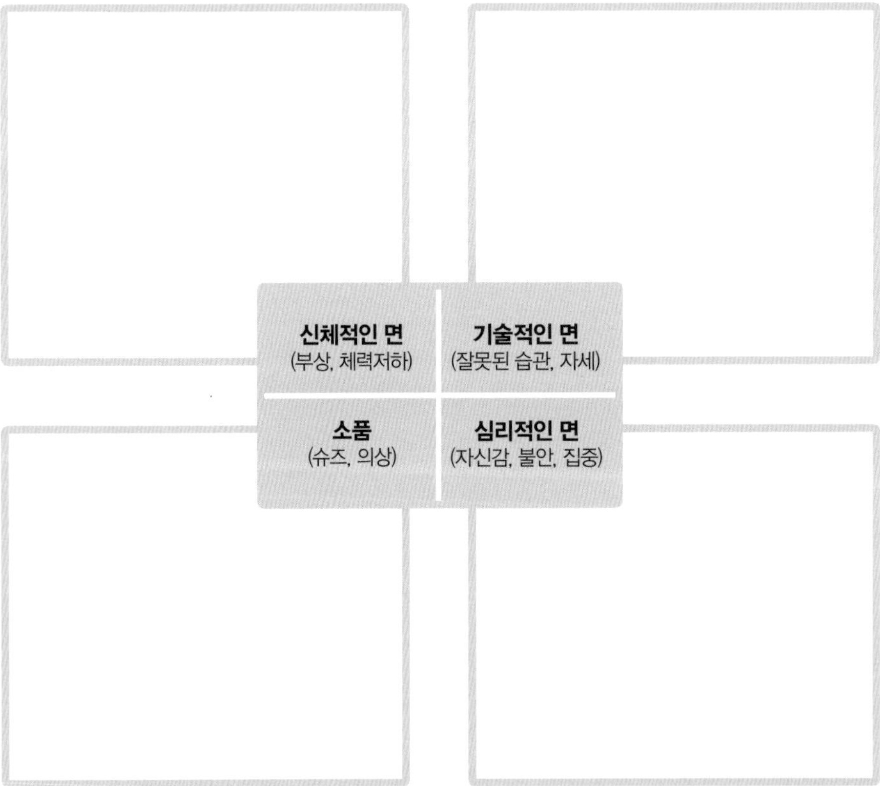

2) 한 걸음 더 나아가기 위해 내 마음이 하고 싶은 대로 두자!

슬럼프를 극복하기 위한 첫 번째 단계는 내 몸이 원하는 것이 무엇인지를 파악하는 것이다. 휴식일 수도 있고, 혼자 어디론가 훌쩍 여행을 가는 것일 수도 있으며, 다른 취미생활을 즐기는 것일 수도 있다. 슬럼프의 위험한 구성요소인 강한 부정적 감정의 양상이 내면에서 생겨나기 때문에 무용 이외의 보상을 통해 무용수가 슬럼프에 대하여 다른 시각을 가질 수 있게 하고, 지나간 공연에 대한 부정적 관점을 미래의 공연과 리허설에 긍정적인 태도로 전환시킬 수 있다.

"엄청 놀러 다녔어요. 많은 경험을 해서 그 기간이 아깝지 않아요. 저에게는 정말 좋은 재능이 하나 있어요. 항상 노력할 거리를 찾는 거요. 나이 들어 노인이 돼도 뭔가 하나는 열심히 하고 있을 거라는 생각이 들어요. 지금도 뭔가를 계속 찾고 있고, 그걸 이루는 게 재밌을 뿐이에요."

_마린스키 발레단 주역 무용수, 김기민 인터뷰 중에서

Q 슬럼프(Slump)가 왔다고 가정한다면 가장 해보고 싶은 것은?

3) 끊임없는 동기부여, 그리고 목표 구체화!

반복되는 슬럼프로 인한 정신력의 붕괴는 무기력과 무관심의 악순환으로 이어질 수 있다. 이를 심리학에서는 '학습된 무기력'이라고 한다. 심리학자인 마틴 셀리그만(Martin E. P. Seligman)은 벗어날 수 없는 우리 안에 개를 가둬두고 바닥에 전기 충격을 가하는 실험을 했다. 처음에 개는 전기 충격을 피하려고 여러 시도를 한다. 그러나 아무리 노력해도 전기 충격을 피할 수 없다는 것을 깨닫고 나면 나중에는 포기하고 전기 충격에서 벗어날 수 있는 통로를 만들어줘도 피할 생각조차 하지 않게 된다.

무용수들도 마찬가지이다. 한번 학습된 무기력의 늪에 빠지게 되면 곧 이겨내지 못할 슬럼프로 이어질 가능성이 크다. 바로 이 순간, 강한 멘탈은 빛을 발한다. 강한 멘탈은 어떠한 역경에도 흔들리지 않고 무너지지 않는 것만 아니라, 흔들리더라도 도망가지 않고 고통스럽지만 담담하게 받아들인다.

이 강한 멘탈을 유지하며 슬럼프를 완화시킬 수 있는 방법은 목표를 구체화 하는 것이다. '슬럼프 극복을 위한 목표 설정 프로그램'의 네 가지 단계를 살펴보고 빈칸을 작성해보자.

> "매번 시도하고 매번 실패했다 한들 문제될 것 없다. 다시 시도하고 다시 실패하라. 더 나은 실패를 하라."
> _사뮈엘 베케트(Samuel Beckett)

슬럼프 극복을 위한 목표 설정 프로그램

원상 복귀 목표

프로그램의 궁극적인 목적을 분명히 한다. 특히 원상 복귀 목표는 무용수가 되돌아가고자 하는 공연 수준을 규정해 준다. 이것은 슬럼프 이전의 보통 공연 수준일 수도 있고, 또는 슬럼프 이후에 나타난 새로운 양상으로 인해 달라질 수도 있다. 구체적이고 현실적이어야 한다.

원인 분석에 따른 목표

공연 수준의 측면에서 보면 슬럼프를 완화하기 위해 실행되어야 할 것들이 무엇인지 나타난다. 예를 들어 슬럼프가 신체적 원인에 의해 발생되었다면 원인분석에 따른 목표는 유연성이나 강도를 수준에 맞게 조절하여 실시해야 한다. 모든 원인에 대한 목표를 확정해야 한다.

일일 훈련 목표

원인 분석에 따른 목표를 명확히 하고 나서, 무용수들은 이러한 목표를 달성하기 위한 매일의 목표들을 구체화해야 한다. 슬럼프를 해결하고 원인을 개선하기 위해서 어떤 훈련과 리허설을 어떻게 해야 할 것인지에 대해 상세하게 정한다.

일일 공연 목표

무용수들은 만족스러운 공연 결과를 위해 일일 공연 목표를 세우는 것이 필수요소이다. 이것은 비록 바람직한 수준은 아니더라도 슬럼프로 인해 저하된 현재 수준보다는 높은 것이어야 한다. 일일 공연 목표는 무용수들이 노력해서 이르러야 할 현실적인 수준을 제시해주고, 무용수들을 낙담시키기보다는 힘이 되어 보람된 공연으로 만들어줄 것이다.

슬럼프 극복을 위한 Profiling

원상 복귀 목표

원인 분석에 따른 목표

일일 훈련 목표

일일 공연 목표

4) 정서 상담, 조언을 구한다!

슬럼프의 중요한 원인은 부정적 감정이 오랜 시간 지속되면서 심해지는 것이다. 빨리 벗어나기 위한 방법의 하나로 멘토링 기법이 있다. 멘토는 선생님이 될 수도, 선·후배가 될 수도, 안무가가 될 수도 있다. 내가 처한 상황에 대한 생각과 느낌을 객관적이고 공정하게 판단해줄 수 있고, 무용을 잘 이해하고 있는 전문가에게 의뢰할 수도 있다. 아래의 글을 읽어보고 나의 멘토가 누군지 떠올려보자.

> "하나의 램프가 환히 불타올라 주위를 밝혀주는 역할을 하려면 좋은 심지와 튼튼한 재질로 몸체가 만들어져야 하는 것은 기본이고, 양질의 기름과 맑은 산소가 지속적으로 공급되어야 한다. 무용수에게 있어 심지와 튼튼한 몸체란 타고난 정신력과 감수성, 신체적인 조건 등이 되겠지만, 그 무용수가 자신의 역량을 십분 발휘하여 무대 위에서 환하게 빛나는 존재가 되려면 양질의 기름과 맑은 산소가 지속적으로 공급되어야 한다. 나에게는 베스트 선생님의 존재, 그리고 선생님의 따스한 격려와 칭찬이 '양질의 기름과 맑은 산소'였다."
>
> _강수진, 『나는 내일을 기다리지 않는다』 중에서

내리막 없이 승승장구만 하는 인생은 없다. 누구나 잘하다가 떨어지는 때도 있다. 최고의 순간이라 믿었던 때가 최악의 상황에 맞닥뜨려지기도 한다. 하지만 그것이 인생의 리듬이라 믿는다. 우리가 선택한 춤의 인생을 생각해보면 못 이겨낼 슬럼프는 없을 것이다.

Check yourself

무용에서 슬럼프란 어떤 상황일까요?

'번아웃 증후군'은 무엇을 의미하나요?

슬럼프를 확인할 수 있는
세 가지의 특징에 대해 알고 있나요?

슬럼프의 세 가지 원인을 나누어보고,
그 예를 들어볼까요?

슬럼프 극복 방법에 대해 알고 있나요?

참고문헌

강수진(2013). 나는 내일을 기다리지 않는다. 서울: 인플루엔셜.

김수안(2017). 레전드는 슬럼프로 만들어진다. 서울: 스리체어스.

김정수, 황규자 역(2013). 무용 심리학. 서울: 금광.

한기연(2009). 슬럼프 심리학. 서울: 팜파스.

한정은(2017). 슬럼프 날로먹기. 서울: 정성스런.

홍희정, 조미혜(2006). 무용가의 슬럼프 체험. 한국여성체육학회지, 20(4), 55-69.

psychological test

#5

심리검사

나의 마음 들여다보기

What is Psychological Test?

나를 들여다볼 수 있는 방법

나는 어떤 사람인가? : 자아정체성

나는 어떤 감성을 지닌 무용수일까? : 감성지능

나는 지금 무엇을 향해 나아가고 있을까? : 진로태도 성숙도

그 밖의 재미있는 심리검사 :

자율성 / 공격성 / 인재유형 / 디지털 의존도

현대의 사람들은 크고 작은 심리적인 문제를 지니고 있으며 그것이 때로는 현실적인 문제로 나타나기도 한다. 예술가들 역시 창의성과 같은 긍정적이고 예술적인 성과물을 만들어내기도 하지만, 때로는 개인의 강박신경증, 전환성 히스테리, 불안상태 등 정신질환과 같은 부정적인 증상으로 나타나기도 한다. 심리검사는 개인이나 집단으로 하여금 적절한 의사결정을 내릴 수 있도록 도와주는 역할을 한다. 자신을 통찰하고 이해하는 것을 바탕으로 보다 만족스러운 방향으로의 자기 변화를 원할 때, 혹은 개인이 심리적 문제에 부딪쳤을 때 적절한 해결방법을 찾기 위한 하나의 방법이 될 수 있다. 그러나 심리검사에 대한 객관적인 심층해석은 반드시 정신의학 전문의의 소견을 따라야 한다.

이번 장은 무용수로서의 심리 성향을 체크해볼 수 있는 자가진단 심리검사로서, 심리검사 항목에 포함된 하위요소들의 점수를 비교하는 방법을 사용한다. 자아정체감, 감성지능, 진로태도 성숙도, 이 세 가지는 훌륭한 무용수로 성장하기 위한 올바른 마음가짐을 갖도록 이끌어줄 것이다. 또한 빠르게 변화하고 발전하는 요즘 시대에 누구나 한 번쯤 흥미를 가질 만할 자율성, 공격성, 인재유형, 디지털 의존성 등에 대한 다양한 자가진단 심리검사법도 알아보자.

«1»

나는 어떤 사람인가?
: 자아정체감(Self-Identity)

인간의 모든 행위는 주체자로서의 자아의식을 갖고 있다. 자아정체감 검사는 나에 대한 확신을 측정하는 검사로 자존감과도 관련이 있으며, 스스로 본인의 가치체계를 어떻게 다루고 있는지 알아볼 수 있다. 내가 누구인지, 어떠한 성향을 지니고 있는지, 삶의 방식은 어떠한지 등을 알아보는 것은 스스로의 존중감을 높이고 내가 미처 몰랐던 나를 발견하는 기회가 될 것이다.

자아정체감 검사

구분	문항을 잘 읽고 좌측부터 '매우 아니다-보통이다-매우 그렇다' 의 순서로 자신과 가장 비슷하다고 해당하는 보기에 동그라미 하십시오.	매우 아니다-매우 그렇다
A	1. 나는 내 일을 잘 처리할 수 있다.	① ② ③ ④ ⑤
	2. 누가 시키지 않아도 내 일을 내가 알아서 한다.	① ② ③ ④ ⑤
	3. 나의 일은 내 스스로 처리한다.	① ② ③ ④ ⑤
	4. 나는 나의 판단에 자신이 없다.	① ② ③ ④ ⑤
	5. 나는 하루하루를 열심히 살아간다.	① ② ③ ④ ⑤
	6. 나는 내 모습의 있는 그대로를 자랑스럽게 여긴다.	① ② ③ ④ ⑤
	7. 나는 나의 목적을 달성하기 위해서 열심히 노력한다.	① ② ③ ④ ⑤
	8. 나는 일단 시작한 일은 기어코 끝내고야 만다.	① ② ③ ④ ⑤
	9. 나는 내가 매우 쓸모 있는 사람이라고 생각한다.	① ② ③ ④ ⑤
	10. 나는 내 스스로 선택하는 것을 좋아한다.	① ② ③ ④ ⑤

B	1. 나는 이 세상에 있으나마나 한 존재이다.	⑤	④	③	②	①
	2. 내가 보잘 것 없는 존재라고 생각할 때가 많다.	⑤	④	③	②	①
	3. 우리 집안에서 나는 꼭 필요한 존재이다.	①	②	③	④	⑤
	4. 나는 믿을만한 가치가 없는 사람이다.	⑤	④	③	②	①
	5. 이 세상 일은 결국 허무한 일이라고 생각한다.	⑤	④	③	②	①
	6. 나는 이 세상을 잘 살아갈 것 같지 않다.	⑤	④	③	②	①
	7. 나는 다른 사람보다 무능하다고 생각한다.	⑤	④	③	②	①
	8. 나는 자신에게 중요한 것이 무엇인지를 생각한 적이 없다.	⑤	④	③	②	①
	9. 나는 근본적으로 무능하다고 생각한다.	⑤	④	③	②	①
	10. 나는 사람들 앞에서 나의 참모습이 드러나는 것이 두렵다.	⑤	④	③	②	①
C	1. 나는 앞으로 무엇이 되고 싶은지 잘 모르겠다.	⑤	④	③	②	①
	2. 내가 무엇이 되고 싶은가를 나는 분명히 알고 있다.	①	②	③	④	⑤
	3. 나는 장차 무엇이 하고 싶은지 나 스스로도 모르겠다.	⑤	④	③	②	①
	4. 나는 어른이 되어 어떤 직업을 갖게 될지 알고 있다.	①	②	③	④	⑤
	5. 나의 진로에 대하여 구체적인 계획을 가지고 있다.	①	②	③	④	⑤
	6. 나는 장래 무슨 직업을 택할 것인가 결정할 수가 없다.	⑤	④	③	②	①
	7. 나는 뚜렷한 삶의 목표를 정해 놓고 있다.	①	②	③	④	⑤
	8. 지금 내가 할 일이 무엇인지를 잘 알고 있다.	①	②	③	④	⑤
	9. 미래를 위해 미리 준비하는 것은 현명한 일이다.	①	②	③	④	⑤
	10. 나는 내 장래의 일에 대해 미리 계획하고 싶지 않다.	①	②	③	④	⑤
D	1. 시작할 때는 열성을 보이나 그것이 오래 가지 못한다.	⑤	④	③	②	①
	2. 나는 꾸준히 한 가지 일에 몰두하지 못한다.	⑤	④	③	②	①
	3. 나는 계획한 대로 일을 끝까지 실행하지 못한다.	⑤	④	③	②	①
	4. 나는 빈둥거리며 많은 시간을 보내는 편이다.	⑤	④	③	②	①
	5. 나는 일하는 것을 별로 좋아하지 않는다.	⑤	④	③	②	①
	6. 나는 어렵거나 힘든 일을 피하는 편이다.	⑤	④	③	②	①
	7. 나는 남달리 잘하는 일이 별로 없다.	⑤	④	③	②	①
	8. 하고 싶은 일 중에서 무엇부터 해야 할지 모르겠다.	⑤	④	③	②	①
	9. 나는 무엇을 하려고 해도 의욕도 없고 빌빌 지나간다.	⑤	④	③	②	①
	10. 나는 앞으로 무엇이 되려고 하는지 분명히 알고 있다.	①	②	③	④	⑤

E	1. 나는 다른 사람들의 충고를 무턱대고 따르는 편이다.	⑤	④	③	②	①
	2. 나는 다른 사람들이 하자는 대로 잘 이끌린다.	⑤	④	③	②	①
	3. 대다수의 사람들이 하는 대로 그저 따라가는 것이 최선이다.	⑤	④	③	②	①
	4. 나는 혼자서 어떤 일을 결정하기가 두렵다.	⑤	④	③	②	①
	5. 나는 다른 사람을 이끌기보다 따라가는 편이다.	⑤	④	③	②	①
	6. 나는 결단력이 부족하다.	⑤	④	③	②	①
	7. 스스로 생각하기 보다는 남들의 좋은 생각을 기다린다.	⑤	④	③	②	①
	8. 남의 말을 잘 받아들이고 타인의 행동에 영향을 받기 쉽다.	①	②	③	④	⑤
	9. 나의 감정을 솔직하게 표현할 수 있다.	①	②	③	④	⑤
	10. 나 자신에 대한 생각이 정리되어 있지 못하다.	⑤	④	③	②	①
F	1. 모임에 나가면 가급적 사람이 적은 곳이나 구석에 앉는다.	⑤	④	③	②	①
	2. 나는 낯선 사람들을 만나는 것을 꺼려한다.	⑤	④	③	②	①
	3. 나는 여러 사람들과 함께 있을 때에 마음이 불편하다.	⑤	④	③	②	①
	4. 여러 사람이 있는 곳에는 앞에 나서기가 두렵다.	⑤	④	③	②	①
	5. 할 말이 있어도 하지 못하고 그냥 넘어가는 때가 많다.	⑤	④	③	②	①
	6. 나는 여러 사람들 중에서 유별나게 보이는 것을 두려워한다.	⑤	④	③	②	①
	7. 나는 모임에서 지도자 역할을 기꺼이 맡는다.	①	②	③	④	⑤
	8. 나는 낯선 곳이나 새로운 일을 두려워한다.	⑤	④	③	②	①
	9. 나는 사람들과 사귀는 것을 좋아한다.	①	②	③	④	⑤
	10. 나는 나의 부모님께서 원하는 이성과만 교제할 것이다.	⑤	④	③	②	①

Q A부터 F까지에 해당하는 각각 점수의 합을 적어볼까요?
5점부터 시작하는 '역 채점' 문항들이 있으니 계산할 때 주의하세요.

A =

B =

C =

D =

E =

F =

Q 가장 높은 점수를 받은 항목은 무엇인가요?
이 결과를 바탕으로 나의 자아정체감은 어떠한 영역이 가장 높은지 한번 알아볼까요?

A가 가장 높게 나타났다면, 당신은 주체성이 높은 사람입니다. 주체성이란 주관적인 역할이나 환경을 적극적으로 지배하는 능력이며, 자신이 누구인지 어느 정도 알고 있는지를 나타냅니다.

B가 가장 높게 나타났다면, 당신은 자기 수용성이 높은 사람입니다. 자기 수용성이란 자신이 갖고 있는 능력과 재능을 그대로 인정하고 받아들이는 태도로, 스스로를 얼마나 신뢰하고 자신감을 갖고 있는지를 나타냅니다.

C가 가장 높게 나타났다면, 당신은 미래 확신성이 높은 사람입니다. 미래 확신성이란 시간의 경과를 바라보는 희망의 정도를 나타내며, 미래의 직업 등에 대한 계획이나 확신을 나타냅니다.

D가 가장 높게 나타났다면, 당신은 목표 지향성이 높은 사람입니다. 목표 지향성이란 주어진 과업을 수행 또는 실현하려는 의지의 정도로서, 본인의 자아상을 파악하고 목표를 향해 나아가는 스스로의 신뢰도를 나타냅니다.

E가 가장 높게 나타났다면, 당신은 주도성이 높은 사람입니다. 주도성이란 자신에게 주어진 역할에 대한 인지능력으로, 누가 시키지 않아도 자신 주변의 일을 스스로 실행하려는 태도를 나타냅니다.

F가 가장 높게 나타났다면, 당신은 친밀성이 높은 사람입니다. 친밀성이란 집단을 이루는 한 구성원으로서 드러나는 원만함의 정도로, 타인들과의 친밀함을 위해서 얼마만큼의 융통성을 갖고 있으며 주체적인 관계를 유지하고 있는지를 나타냅니다.

«2»

나는 어떤 무용수일까?
: 감성지능(Emotional-Intelligence)

인간은 주어진 환경에 적응하기 위해 감정표현 능력을 조절한다. 사회적으로 원만한 관계를 유지하기 위해서는 자기 자신의 감정을 인지하는 것뿐 아니라 타인의 감정도 이해해야 하며, 자신이 갖고 있는 감성정보를 이용하여 계획한 일의 성과나 적합한 행동으로 조절할 수 있어야 한다. 무용수로서 자신이 가진 내재적 동기를 예술로 표현하고 승화시키기 위한 감성지능을 확인해보자.

감성지능 검사

구분	문항을 잘 읽고 좌측부터 '매우 아니다-보통이다-매우 그렇다' 의 순서로 자신과 가장 비슷하다고 해당하는 보기에 동그라미 하십시오.	매우 아니다-매우 그렇다
A	1. 나는 나의 기분이나 감정을 정확하게 파악하고 있다.	① ② ③ ④ ⑤
	2. 나는 내가 행복한지 행복하지 않은지 알고 있다.	① ② ③ ④ ⑤
	3. 나는 말투, 목소리 톤, 표정을 통해서 그 사람의 기분을 파악할 수 있다.	① ② ③ ④ ⑤
	4. 나는 그림이나 음악 속에 담겨 있는 느낌과 감정을 이해할 수 있다.	① ② ③ ④ ⑤
	5. 내가 좋아하는 사람에게 많이 배려하고 더 친절하게 대해준다.	① ② ③ ④ ⑤
	6. 나는 내가 느끼는 감정이나 기분을 적절한 정도에서 표현할 수 있다.	① ② ③ ④ ⑤
	7. 나를 괴롭히거나 방해하는 사람에게 분명하게 주의를 줄 수 있다.	① ② ③ ④ ⑤
B	1. 나는 TV 드라마나 영화, 책에 몰입하여 감정에 푹 빠지는 편이다.	① ② ③ ④ ⑤
	2. 나는 TV에서 기아 보도를 접하면 어떻게든 도와주고 싶다.	① ② ③ ④ ⑤
	3. 나와 친한 친구나 이웃에게 좋은 일이 생기면 왠지 나도 뿌듯해진다.	① ② ③ ④ ⑤
	4. 장애인이나 환자를 보면 나와 상관없는 사람이라도 연민을 느끼고 가슴이 아프다.	① ② ③ ④ ⑤
	5. 모임 또는 직장에서 동료가 우울해보이면 내 기분도 가라앉는다.	① ② ③ ④ ⑤
	6. 나와 친한 친구가 누군가로부터 기분 나쁜 말을 듣거나 무시당하면 내가 마치 그 일을 당하는 것처럼 화가 난다.	① ② ③ ④ ⑤
C	1. 내가 실수를 했을 때 타인이 불쾌한 기분을 느낄 것이라고 생각한다.	① ② ③ ④ ⑤
	2. 아무리 두려워도 마음만 먹으면 나는 충분히 이겨낼 수 있다고 생각한다.	① ② ③ ④ ⑤
	3. 나는 우울한 기분을 밝고 긍정적인 기분으로 변하게 할 수 있다.	① ② ③ ④ ⑤
	4. 내가 하고 있는 일의 성패는 나의 마음가짐에 달려 있다고 생각한다.	① ② ③ ④ ⑤
	5. 하기 싫은 일이라도 내가 해야 할 일이라면 마음을 돌이켜 하고 싶은 마음이 들도록 한다.	① ② ③ ④ ⑤
	6. 나는 상황에 따라 감정을 전환시킬 수 있다.	① ② ③ ④ ⑤

D	1. 다른 사람에게 좋은 인상을 주기위해 평소 웃는 얼굴을 하려고 한다.	① ② ③ ④ ⑤
	2. 나는 우울해지면 유쾌한 기분을 떠올려 기분을 전환하려고 한다.	① ② ③ ④ ⑤
	3. 나는 두려운 마음이 들 때 회피하지 않고 적극적으로 해결하려 한다.	① ② ③ ④ ⑤
	4. 나는 화가 나면 화를 가라앉히려고 노력한다.	① ② ③ ④ ⑤
	5. 다른 사람들이 나에게 호감을 느낄 수 있도록 행동과 태도에 신경을 쓴다.	① ② ③ ④ ⑤
	6. 나는 즐겁고 행복한 순간의 기분을 오랫동안 간직하고 되새겨본다.	① ② ③ ④ ⑤
E	1. 나는 화가 나면 왜 이런 기분이 생겼는지 그 원인을 먼저 생각해본다.	① ② ③ ④ ⑤
	2. 나는 머리를 많이 쓰는 추리소설보다 감정의 기복이 심한 로맨스 소설이 좋다.	① ② ③ ④ ⑤
	3. 나는 나의 화를 통제할 수 있고, 내가 겪는 어려움을 합리적으로 해결할 수 있다.	① ② ③ ④ ⑤
	4. 나는 복잡하고 미묘한 감정 및 정서 상태를 이해할 수 있다.	① ② ③ ④ ⑤
	5. 나는 내 자신의 감정을 조절하는 뛰어난 통제력을 가지고 있다.	① ② ③ ④ ⑤

Q A부터 E까지에 해당하는 점수를 계산해볼까요?

A = A총합 × 5 × 6 =

B = B총합 × 5 × 7 =

C = C총합 × 5 × 7 =

D = D총합 × 5 × 7 =

E = E총합 × 6 × 7 =

Q 가장 높은 점수를 받은 항목은 무엇인가요?
이 결과를 바탕으로 나의 감성지능은 어떠한 영역이 가장 높은지 한번 알아볼까요?

A가 가장 높게 나타났다면, 당신은 감정을 인식하고 표현하는 능력이 높은 사람입니다. 감정인식 및 표현의 능력은 본인의 감정·사고의 인식과 표현뿐 아니라 상대방의 말투나 목소리·용모·행동 등을 통해 제3자의 감정을 잘 이해하고, 무늬·그림 등에서 표현되는 감정도 확인할 수 있는 정도를 나타냅니다. 또한 타인의 감정표현에 대하여 정직성과 부정직성 혹은 정확성과 부정확성을 구별할 수 있는 능력도 포함됩니다.

B가 가장 높게 나타났다면, 당신은 감정이입 능력이 높은 사람입니다. 감정이입이란 타인의 주관적 경험을 지각하는 것으로, 타인이 겪은 경험을 자기 자신의 내면에서 재경험하는 것을 말합니다. 감정이입 능력이 높을수록 미묘한 작은 신호에도 민감하기 때문에 상대방이 진정으로 원하는 것을 더욱 잘 파악할 수 있습니다.

C가 가장 높게 나타났다면, 당신은 감정의 사고촉진 능력이 높은 사람입니다. 감정의 사고촉진 능력은 정서적으로 중요한 정보를 인식하고 유용한 판단을 할 수 있는 정도를 나타냅니다. 기분에 따른 정서적 동요의 상황에서도 여러 입장을 고려해서 낙천적·비관적인 것을 아우르는 개인의 견해를 이성적으로 판단할 수 있습니다.

D가 가장 높게 나타났다면, 당신은 감정조절 능력이 높은 사람입니다. 감정조절은 무조건 억제한다는 뜻이 아니라 감정의 변화를 느꼈을 때 적절한 행동을 취하여 자신의 내부에 일어난 부정적인 상태를 줄여나가는 것을 말합니다. 감정조절 능력이 높을수록 실패 또는 혼란의 상황 등 당면한 문제를 더욱 현명하게 대처할 수 있습니다.

E가 가장 높게 나타났다면, 당신은 감정활용 능력이 높은 사람입니다. 감정활용 능력은 정서적인 지식을 통해 감정이 전달하는 의미를 해석할 수 있는 것을 나타냅니다. 자신이 느끼고 있는 감정에 이름을 붙일 수도 있을 만큼 정서 간에 적절한 변화가 일어나고 있음을 인정하는 능력입니다.

«3»

나는 무엇을 향해 나아가고 있을까?
: 진로태도에 대한 성숙도(Career Attitude Maturity)

진로에 대한 태도는 나이, 성별, 지능, 학업 능력, 인지 양식, 자아 개념, 자기 존중감, 내외 통제성, 진로 자기 효능감, 의사 결정 양식, 직업 가치, 그 일을 해본 경험 등 수많은 변인들에 의해 영향을 받는다. 올바르고 성숙한 진로결정을 위해 내가 지금 가져야 할 마음가짐과 보완할 점, 내가 가진 강점은 무엇인지 진지하게 고민해보는 기회를 가져보자.

진로태도에 대한 성숙도 검사

구분	문항을 잘 읽고 좌측부터 '매우 아니다-보통이다-매우 그렇다' 의 순서로 자신과 가장 비슷하다고 해당하는 보기에 동그라미 하십시오.	매우 아니다-매우 그렇다
A	1. 나는 장래에 무슨 일을 할 것인지 이미 정해져 있다.	① ② ③ ④ ⑤
	2. 나는 하고 싶은 일이 몇 가지 있는데, 그 중 어떤 것을 선택해야 할지 모르겠다.	⑤ ④ ③ ② ①
	3. 나는 이미 진로가 결정되어 있어 진로를 선택하는데 별로 고민하지 않는다.	① ② ③ ④ ⑤
	4. 나는 앞으로 되고자 하는 모습에 대해 자주 생각해 보지만 실제로 어떤 직업을 가져야겠다고 구체적으로 생각해 본적이 없다.	⑤ ④ ③ ② ①
	5. 주위 사람마다 서로 생각이 달라서 어떤 진로를 선택해야 할지 혼란스럽다.	⑤ ④ ③ ② ①
	6. 졸업 후 진로에 대해서 생각해 본 적이 없어 막막하다.	⑤ ④ ③ ② ①
	7. 나의 진로에 대해 확실한 결정을 해놓은 상태이다.	① ② ③ ④ ⑤

A	8. 나중에 바뀔지 모르겠지만 일단 하고 싶은 일을 결정해 놓았다.	①	②	③	④	⑤
	9. 무엇을 해야 할지 확실하게 결정된 것이 없다.	⑤	④	③	②	①
	10. 어떤 진로를 선택해야 할지 결정하기가 어렵다.	⑤	④	③	②	①
B	1. 나는 직업을 선택할 때 무엇보다도 경제적인 면을 먼저 생각한다.	⑤	④	③	②	①
	2. 비록 내 적성하고는 안 맞더라도 남들이 부러워하는 직업을 원한다.	⑤	④	③	②	①
	3. 나는 근무시간도 짧고 작업 환경도 좋은 직업을 원한다.	①	②	③	④	⑤
	4. 나는 직업을 선택할 때 내가 그 직업에서 출세할 수 있는지를 먼저 고려한다.	⑤	④	③	②	①
	5. 나는 일의 종류에 상관없이 봉급을 많이 주는 직업을 원한다.	⑤	④	③	②	①
	6. 나는 내 적성이나 능력과는 상관없이 일류 직장에 취업할 것이다.	⑤	④	③	②	①
	7. 직업을 선택할 때, 일의 성격보다는 승진 기회 등을 먼저 고려해야 한다.	⑤	④	③	②	①
	8. 직업을 통해 보람을 얻기보다는 편하게 일하면서 돈을 많이 벌 수 있는 직업을 원한다.	⑤	④	③	②	①
C	1. 나는 내가 원하는 진로를 갖지 못할까 봐 불안하다.	⑤	④	③	②	①
	2. 나는 내가 선택한 직업 세계에서 성공할 수 있을지 자신이 없다.	⑤	④	③	②	①
	3. 나는 내가 선택한 직업에서 일하고 있는 사람들만큼 잘할 자신이 있다.	①	②	③	④	⑤
	4. 나는 확실한 믿음이 없기 때문에 내가 선택한 직업에서 반드시 성공할 수 있을지 의문스럽다.	⑤	④	③	②	①
	5. 나는 어떤 직업을 갖든지 간에 잘할 자신이 있다.	①	②	③	④	⑤
	6. 내가 선택한 직업이 내가 되고자 하는 사람이 될 수 있게 해 줄지 걱정이다.	⑤	④	③	②	①
	7. 나는 노력만 하면 내가 원하는 것을 얻을 수 있다.	①	②	③	④	⑤
	8. 나는 내 자신과 일에 대한 자신감이 부족하다.	⑤	④	③	②	①
	9. 나는 내가 가고자 하는 직장의 상사로부터 인정받을 자신이 있다.	①	②	③	④	⑤
	10. 아무리 노력해도 경우에 따라서는 내가 원하는 직업을 갖지 못할 수도 있다.	⑤	④	③	②	①
D	1. 나는 학교를 다니고 있는 지금도 앞으로의 직장 생활에 대해 상상해 본다.	①	②	③	④	⑤
	2. 자신이 원하는 진로를 갖기 위해서는 미리미리 계획을 세워 놓아야 한다.	①	②	③	④	⑤
	3. 나는 미래에 어떤 직업이 유망한지 알아보는 데 별로 관심이 없다.	⑤	④	③	②	①

D	4. 나는 내가 계획한 진로와 관련된 자료를 얻는 데 관심이 많다.	①	②	③	④	⑤
	5. 나는 신문을 읽을 때, 내가 원하는 직업에서 성공한 사람의 이야기를 관심 있게 읽는다.	①	②	③	④	⑤
	6. 내가 원하는 직업을 가진 사람과 진로에 대해 이야기를 나누길 원한다.	①	②	③	④	⑤
	7. 졸업한 선배들이 진학 및 진로에 대해 설명회를 해주길 원한다.	①	②	③	④	⑤
	8. 자신의 직업세계에서 성공한 사람을 보면 나도 그렇게 되고 싶어 그 사람처럼 행동하고는 한다.	①	②	③	④	⑤
	9. 특별히 결정된 사항이 없더라도 항상 미래를 생각하고 준비를 해야 한다.	①	②	③	④	⑤
	10. 자신의 흥미나 성격 등을 알아보기 위해 상담을 받길 원한다.	①	②	③	④	⑤
E	1. 내가 원하는 직업에 대해 부모님이 반대하시면 직업을 결정하기가 어려울 것이다.	⑤	④	③	②	①
	2. 나는 부모님이 원하시는 진로를 선택할 것이다.	⑤	④	③	②	①
	3. 나는 부모님이나 주위 사람들이 좋다고 이야기하는 직업을 선택할 것이다.	⑤	④	③	②	①
	4. 다른 사람의 이야기와 상관없이 결국은 내가 좋아하는 직업을 선택해야 한다.	①	②	③	④	⑤
	5. 나는 다른 사람의 지지가 있어야만 진로를 결정할 수 있다.	⑤	④	③	②	①
	6. 나는 내가 정한 기준에 따라 직업을 결정할 것이다.	①	②	③	④	⑤
	7. 자신의 인생을 살기 위해서는 자신의 소신대로 직업을 결정해야 한다.	①	②	③	④	⑤
	8. 누가 뭐라고 해도 자신이 하고 싶은 일을 선택해야 한다.	①	②	③	④	⑤
	9. 내 경우 부모님의 반대를 무릅쓰고 진로를 결정한다면 나중에 후회할 것이다.	⑤	④	③	②	①

Q A부터 E까지에 해당하는 점수를 계산해볼까요?
5점부터 시작하는 '역 채점' 문항들이 있으니 계산할 때 주의하세요.

A = A총합 × 8 × 9 =

B = B총합 × 9 × 10 =

C = C총합 × 8 × 9 =

D = D총합 × 8 × 9 =

E = E총합 × 8 × 10 =

**Q 가장 낮은 점수를 받은 항목은 무엇인가요?
이 결과를 바탕으로 나의 진로태도 성숙도는 어떠한지 한번 알아볼까요?**

A가 가장 낮게 나타났다면, 당신은 진로에 대한 결정성이 필요합니다. 특히 무용을 전공하는 것 자체를 고민하는 중이라면 무용 의상이나 안무, 연출, 그 외 무대 스태프 등 무용 실기 이외의 경험을 해보거나, 아니면 무용과 관계없는 아예 색다른 분야를 탐색해보는 기회를 가져봐야 할 것입니다.

B가 가장 낮게 나타났다면, 당신은 진로에 대한 목적성이 필요합니다. 혹시 오늘도 나는 그저 습관적으로 무용특강에 참여하는 것은 아닌지, 단순히 대학 진학을 위해 무용을 선택한 것은 아니었는지 생각해보는 시간을 가져봅시다. 내가 지금 무용을 왜 하고 있는지 명확한 이유를 찾아보는 것은 어떨까요?

C가 가장 낮게 나타났다면, 당신은 진로에 대한 확신성이 필요합니다. 훌륭한 무용수가 될 수 있다는 자신감을 바탕으로, 앞으로 나의 삶에서 무용이 어떠한 의미일지 구체적인 계획을 세워보는 것도 도움이 될 것입니다.

D가 가장 낮게 나타났다면, 당신은 진로에 대한 준비성이 필요합니다. 선생님께 조언을 구하거나 무용단에서 활동하는 주변 지인 등을 통해 무용수로 활동할 수 있는 폭넓은 진로방향에 관심을 가져보세요.

E가 가장 낮게 나타났다면, 당신은 진로에 대한 독립성이 필요합니다. 무용을 처음 시작하게 된 동기부터, 내 스스로가 무용을 정말 좋아하고 있는지, 앞으로도 내가 무용인으로서 살아가기를 원하는지 등에 대한 진지한 고민이 필요한 시점입니다.

«4»

그 밖의 재미있는 심리검사

1) 나를 나답게 표현하는 힘, 자율성

내가 스스로 움직이고 생각하는 힘은 자신의 결정, 생각에 확신을 준다. 다른 사람 앞에서 유난히 자신감이 저하되고 위축되는 성향은 자율성이 낮은 편에 속한다. 이번 검사는 사랑 점수와 결핍 점수를 비교하여 자율성을 알아보려고 한다. 내가 지금 어떠한 마음가짐을 갖고 있는지 한번 자율성을 체크해보자. 동일한 사람일지라도 주어진 상황과 스스로를 다스리는 힘의 정도에 따라 자율성이 달라지기도 한다. 아래의 각 항목에 대해 자신의 마음을 대입해보고 1점부터 5점까지 점수를 매겨보자. 나의 생각과 매우 가까우면 5점, 전혀 다르면 1점을 적으면 된다.

사랑 점수

나는 내 환경에 책임을 진다. 나는 내 삶의 상태에 책임이 있다고 믿는다.	
나는 내 삶에서 마음에 들지 않는 점을 바꾼다.	
나는 원하는 것을 알고 그것을 실현하려고 적극적으로 나선다.	
나는 강하다고 느끼며 용기 있게 행동한다. 나는 겁이 날 때조차 내가 원하는 것을 위해 위험을 감수한다.	
나는 나의 선택이 다른 사람들을 화나게 할지라도 상관없다. 나는 원하는 일을 하거나 원하는 방식으로 살기 위해 다른 사람들의 허락을 받을 필요가 없다.	

결핍 점수

나는 미리 대비하지 않고 일이 일어날 때까지 기다린다. 나는 내 삶을 주도하는 게 아니라 끌려 다닌다.	
나는 무력하고 꼼짝 못하겠다는 느낌이 든다. 내 상황을 통제하거나 바꿀 힘을 쥐고 있지 않은 것 같다. 나는 마음에 안 드는 삶에 대해서 다른 사람이나 외부의 힘을 탓한다.	
나는 다른 사람의 의견이 내 선택에 영향을 주도록 허용한다. 나는 다른 사람이 내가 원하는 것을 못 하게 방해해도 내버려둔다.	
나는 정말로 원하는 변화나 목표를 이루지 못하게 스스로 막는다.	
나는 다른 사람에게 허락이나 승인을 받으려한다. 나는 외부의 확인이나 장담을 받지 않으면 불안하거나 내가 잘못하고 있다고 생각한다.	

자율성 = 사랑 점수 - 결핍 점수

사랑 점수 합에서 결핍 점수 합을 빼 보세요. 여러분의 자율성 점수는 몇 점인가요? 혹시 마이너스? 점수가 낮게 나왔더라도 걱정하거나 절망하지 마세요. 우리의 마음은 감기처럼 상황에 따라 달라지곤 하니까요. 그런데 이 검사에서는 왜 '사랑'점수에서 '결핍'점수를 빼라고 했을까요? 자율성이란 무엇일지 나의 생각을 정리해서 적어봅시다.

2) 나도 모르게 갑자기 툭 튀어나오는 공격성

나의 행동을 돌이켜보면 내 안에 숨어 있던 공격성을 발견하기도 한다. 어느 정도 건전한 공격성이 있는 반면, 매우 불건전한 공격성도 있다. 이 둘의 감정이 균형감을 유지하지 못하면 자신이 표출한 공격성에 대하여 죄책감을 일으키며, 상대에게 불쾌감을 줄 수도 있다. 나의 기분이 거슬린다고 하여 남을 상대로 공격적인 행동을 하고 있지는 않은지, 내면의 나를 얼마나 조절할 수 있는지 아래의 상황에 내가 있다고 상상해보자.

"제가 고등학교 시절, 날씨만 조금 나빠도 숨이 찰 정도로 반복시키던 선생님이 계셨어요. 무엇이 잘못됐는지 설명도 없이 무작정 화만 내시는 것 같이 느껴져서 날씨가 안 좋은 날에는 레슨을 가기가 두렵기까지 했어요."

_H대학 재학생

1. **지금 극장표를 사기 위해서 줄을 서 있는데 어떤 사람이 당신 앞으로 밀고 들어선다. 당신은 어떻게 반응을 하겠는가?**

   ① 모른 척해버린다.

   ② 뒤로 가서 서라고 공손하게 타이른다.

   ③ 지배인을 부른다.

   ④ 그 사람에게 대고 고함을 지른다.

   ⑤ 그 사람을 힘으로 밀어내버린다.

2. **외출 준비를 하고 있는데 조카가 자꾸 성가시게 군다. 당신은 어떻게 하겠는가?**

   ① 하던 일을 멈추고 그 아이를 달랜다.

   ② '얘야, 나 지금 시간이 없어'라고 말한다.

   ③ '짜증나게 굴지 마'라고 말한다.

   ④ 아이를 큰소리로 꾸짖는디.

   ⑤ 때린다.

3. **아르바이트에서 선배가 당신을 못살게 군다.**

① 그대로 받아들인다.

② 관심을 안 갖는다.

③ 온순하게 저항한다.

④ 그에게 따진다.

⑤ 그와 싸운다.

4. **어떤 친구가 당신에게서 돈을 빌려가고선 돌려주지 않고 있다. 그런데 오늘 또 돈을 좀 빌려달라고 한다. 당신은 뭐라고 그에게 말하겠는가?**

① 좋습니다.

② 돈이 있는지 모르겠어요.

③ 돈이 없습니다.

④ 지난번에 빌려간 것도 아직 안 갚지 않았습니까?

⑤ 성가시게 굴지 마세요. 당신 같은 사람에게는 돈을 결코 빌려줄 수 없습니다.

5. **밖에서 친구와 함께 저녁 식사를 하게 되었다. 당신이 이미 두 번이나 저녁을 샀는데도 그 친구는 오늘도 계산서를 못 본 척 하고 있다. 당신이라면 어떻게 하겠는가?**

① 그냥 계산서를 받아서 지불한다.

② 나도 못 본 척 하고 계산서를 그냥 둔다.

③ 이번은 그 친구의 차례라고 일러준다.

④ 그것을 집어서 친구에게 준다.

⑤ 친구를 꾸짖는다.

6. **어떤 음식점에 들어갔는데, 당신을 기다리게 해놓고 웨이터들이 사사로운 잡담을 하고 있다. 당신은 어떻게 하겠는가?**

① 당신은 꾹 참고 기다린다.

② 웨이터를 부른다.

③ 팁을 안 준다.

④ 지배인에게 불평을 한다.

⑤ 식사를 주문하지 않고 나가버린다.

7. 당신이 사장인데 중요한 직원이 지각을 많이 하고 결근도 자주한다. 그런데 그가 필요한 직원이기는 하다. 이에 대해 당신은 어떤 반응을 하는가?

① 그냥 내버려 둔다.

② 은근히 눈치를 준다.

③ 버릇 좀 고치라고 명령한다.

④ 화를 낸다.

⑤ 해고시킨다.

8. 캠핑장에 놀러 갔는데 친구가 당신을 전혀 도와주지 않고, 아침식사 준비 때에도 휴대폰만 보고 있다. 당신은 어떻게 하는가?

① 그냥 내가 다 한다.

② 휴대폰 좀 치우라고 말한다.

③ 친구의 휴대폰을 빼앗아버린다.

④ 자기 밥은 자기가 지어 먹으라고 한다.

⑤ 친구에게 물건을 던지며 화풀이를 한다.

9. 당신의 새 차가 똑같은 고장으로 인해 정비소에 세 번째 가게 되었다. 이번에 당신은 어떻게 하는가?

① 화를 꾹 참고 차를 고치라고 공손히 말한다.

② 이번이 세 번째라고 이야기한다.

③ 잘 못 고친다고 불평을 한다.

④ 수리비를 안 주겠다고 위협한다.

⑤ 수리비를 지불하지 않는다.

10. **내가 가르치는 학생이 시험마다 낙제생이고 학원에서는 말썽꾸러기이다. 당신은 어떻게 교육을 시키겠는가?**

① 무관심하게 내버려둔다.

② 좀 잘해보라고 잘 타이른다.

③ 어떤 특혜를 박탈해버린다.

④ 가혹할 만큼 제재를 가한다.

⑤ 때린다.

결과

1. 당신의 점수가 압도적으로 ①(7회 이상)이라면 당신은 잘못에 대해 너무 지나치게 관대하고 무사태평하다. 당신은 사람들이 어찌된 영문인지를 모를 만큼 공격성이 결핍되어 있다. 당신은 당당하지 못하고 심지어 다른 사람들이 당신을 무시하도록 내버려두고 있다. 자기 자신을 좀 더 나타내는 법을 배우는 것이 필요하다.

2. ②와 ③에 표시한 합계가 7회 이상이면 당신은 정상적이고 건전한 자기표현 상태에 있는 것이다. 당신은 너무 까다롭지도 않고 또 남들에게 무시당하는 것을 용납하지도 않는다.

3. ④에 표시 한 것이 7회 이상이면 당신은 지나치게 공격적인 성격이 될 위험 수위에 있다. 당신은 사람들에 대해 까다롭게 굴며 지나치게 지배적이고 주위 사람들에게 상처를 주는 경향이 있다. 당신은 그 성격적 결함을 보충할 필요가 있다.

4. ⑤의 반응이 7회 이상이면 당신은 아마도 인간성에 심각한 문제가 있는 사람으로 인식되고 있을 것이다. 말썽을 많이 일으키는 성격이며 대부분은 자기 방어의 수단으로서 노이로제적인 공격성을 내비춘다.

3) 나는 어디까지 올라갈 수 있을까? 인재유형

당신은 과연 열정과 에너지로 조직과 사람들에게 활력을 주는 성취형 인재일까요? 뛰어난 아이디어와 창조성으로 변화를 주도하는 혁신적 인재일까요? 조직의 안정과 지속적인 발전을 도모하는 믿음직한 인재일까요? 유쾌함으로 긍정 에너지를 발산하는 분위기 메이커형 인재일까요?

문항을 읽고
'0 아주 아니다 – 5 보통이다 – 10 매우 그렇다' 중 자신과 가장 비슷한 보기에 체크하십시오.

1	생각을 잘 정리한다.	0 1 2 3 4 5 6 7 8 9 10
2	토론을 즐긴다.	0 1 2 3 4 5 6 7 8 9 10
3	내 생각을 비평하고 분석하는 경향이 있다.	0 1 2 3 4 5 6 7 8 9 10
4	대부분 에너지가 넘친다.	0 1 2 3 4 5 6 7 8 9 10
5	나는 미래 지향적이다.	0 1 2 3 4 5 6 7 8 9 10
6	다른 사람들을 이끄는 편이다.	0 1 2 3 4 5 6 7 8 9 10
7	대부분의 사람은 나를 성취 지향적인 사람으로 본다.	0 1 2 3 4 5 6 7 8 9 10
8	목표 달성을 위해 최선을 다한다.	0 1 2 3 4 5 6 7 8 9 10
9	계속해서 집중하지 못한다.	0 1 2 3 4 5 6 7 8 9 10
10	흥미 있는 일이라도 깔끔히 마무리하기가 힘들다.	0 1 2 3 4 5 6 7 8 9 10
11	너무 많이 잔다.	0 1 2 3 4 5 6 7 8 9 10
12	요즘 특별한 이유 없이 지치는 것을 느낀다.	0 1 2 3 4 5 6 7 8 9 10
13	무리하지 않는데도 완전히 기진맥진할 때가 있다.	0 1 2 3 4 5 6 7 8 9 10
14	우울하거나 많이 처져 있다.	0 1 2 3 4 5 6 7 8 9 10
15	제대로 된 결정을 할 수가 없다.	0 1 2 3 4 5 6 7 8 9 10

16	매우 독창적이다.	0 1 2 3 4 5 6 7 8 9 10
17	집중력이 뛰어나고, 핵심을 거의 놓치지 않는다.	0 1 2 3 4 5 6 7 8 9 10
18	내 주변에서 일어나는 일은 뭐든 알아챈다.	0 1 2 3 4 5 6 7 8 9 10
19	사색하는 것을 좋아한다.	0 1 2 3 4 5 6 7 8 9 10
20	사람들과의 문제를 창의적으로 해결한다.	0 1 2 3 4 5 6 7 8 9 10
21	표현하기를 좋아한다.	0 1 2 3 4 5 6 7 8 9 10
22	때때로 신비한 것들에 흥분을 느낀다.	0 1 2 3 4 5 6 7 8 9 10
23	보다 나은 미래를 생각한다.	0 1 2 3 4 5 6 7 8 9 10
24	상상력이 부족하다.	0 1 2 3 4 5 6 7 8 9 10
25	창의력이 많이 떨어졌다.	0 1 2 3 4 5 6 7 8 9 10
26	기쁨을 자주 느끼지 못한다.	0 1 2 3 4 5 6 7 8 9 10
27	절망감이 있다.	0 1 2 3 4 5 6 7 8 9 10
28	쉽게 승복하고 순종하는 편이다.	0 1 2 3 4 5 6 7 8 9 10
29	어떤 일에도 열정이 없다.	0 1 2 3 4 5 6 7 8 9 10
30	변화가 없는 일상적이고 반복적인 일이 좋다.	0 1 2 3 4 5 6 7 8 9 10
31	내가 들은 것을 대부분 기억하고 있다.	0 1 2 3 4 5 6 7 8 9 10
32	맡은 일과 사람들의 이야기에 온전히 집중할 수 있다.	0 1 2 3 4 5 6 7 8 9 10
33	쉽게 긴장을 풀고 휴식을 취한다.	0 1 2 3 4 5 6 7 8 9 10
34	설탕 같은 해로운 음식을 먹고 싶은 마음이 크지는 않다.	0 1 2 3 4 5 6 7 8 9 10
35	인내심이 많다.	0 1 2 3 4 5 6 7 8 9 10
36	오래도록 지속적인 관계를 잘 유지한다.	0 1 2 3 4 5 6 7 8 9 10
37	가족에게 매우 충실하고 헌신한다.	0 1 2 3 4 5 6 7 8 9 10
38	법과 도덕, 규칙을 잘 지킨다.	0 1 2 3 4 5 6 7 8 9 10
39	초조하고 불안하여 집중하기가 힘들다.	0 1 2 3 4 5 6 7 8 9 10
40	과식하고 있다.	0 1 2 3 4 5 6 7 8 9 10

41	변덕스러워서 감정과 생각이 자주 변하는 편이다.	0 1 2 3 4 5 6 7 8 9 10
42	어떤 일에 지나치게 흥분하는 경향이 있다.	0 1 2 3 4 5 6 7 8 9 10
43	충동 때문에 스스로 곤경에 빠지고는 한다.	0 1 2 3 4 5 6 7 8 9 10
44	곤경에서 벗어나려고 종종 거짓말을 할 때가 있다.	0 1 2 3 4 5 6 7 8 9 10
45	규칙을 무시하는 경향이 있다.	0 1 2 3 4 5 6 7 8 9 10
46	머릿속으로 생각하기보다 직접해 보는 것을 좋아한다.	0 1 2 3 4 5 6 7 8 9 10
47	야외 활동을 즐긴다.	0 1 2 3 4 5 6 7 8 9 10
48	사람들 앞에서 보여 주거나 즐기는 게 좋다.	0 1 2 3 4 5 6 7 8 9 10
49	협상을 잘한다.	0 1 2 3 4 5 6 7 8 9 10
50	종종 '먹고 마시고 즐기자'는 주의이다.	0 1 2 3 4 5 6 7 8 9 10
51	꽤 예술적이다.	0 1 2 3 4 5 6 7 8 9 10
52	즐기는 것을 좋아한다.	0 1 2 3 4 5 6 7 8 9 10
53	계획이나 일정에 많이 얽매이지 않는다.	0 1 2 3 4 5 6 7 8 9 10
54	과거에 본 것을 잘 기억하지 못한다.	0 1 2 3 4 5 6 7 8 9 10
55	밤에 식은땀이 난다.	0 1 2 3 4 5 6 7 8 9 10
56	긴장을 풀지 못한다.	0 1 2 3 4 5 6 7 8 9 10
57	밤에 깨면 다시 잠들기가 힘들다.	0 1 2 3 4 5 6 7 8 9 10
58	운동할 힘이 없다.	0 1 2 3 4 5 6 7 8 9 10
59	슬프다.	0 1 2 3 4 5 6 7 8 9 10
60	더 이상 모험을 하고 싶지 않다.	0 1 2 3 4 5 6 7 8 9 10

Q 나의 인재유형 점수는 100점 만점에 몇 점인가요?

채점 방법

A = 1번 + 2번 + 3번 + 4번 + 5번 + 6번 + 7번 + 8번 =

B = 9번 + 10번 + 11번 + 12번 + 13번 + 14번 + 15번 =

C = 16번 + 17번 + 18번 + 19번 + 20번 + 21번 + 22번 + 23번 =

D = 24번 + 25번 + 26번 + 27번 + 28번 + 29번 + 30번 =

E = 31번 + 32번 + 33번 + 34번 + 35번 + 36번 + 37번 + 38번 =

F = 39번 + 40번 + 41번 + 42번 + 43번 + 44번 + 45번 =

G = 46번 + 47번 + 48번 + 49번 + 50번 + 51번 + 52번 + 53번 =

H = 54번 + 55번 + 56번 + 57번 + 58번 + 59번 + 60번 =

I = A + 70 − B =

J = C + 70 − D =

K = E + 70 − F =

L = G + 70 − H =

성취 = A × 10 ÷ 8

무력감 = B × 10 ÷ 7

상상력 = C × 10 ÷ 8

무감동 = D × 10 ÷ 7

안정 = E × 10 ÷ 8

불안 = F × 10 ÷ 7

기쁨 = G × 10 ÷ 8

슬픔 = H × 10 ÷ 7

열정 = I × 2+ 3

창의성 = J × 2 ÷ 3

안정성 = K × 2 ÷ 3

즐거움 = L × 2 ÷ 3

인재유형검사 결과 그래프 그려보기

100												
90												
80												
70												
60												
50												
40												
30												
20												
10												
분류	열정	창의성	안정성	즐거움	성취	상상력	안정	기쁨	무력감	무감동	불안	슬픔
점수												

4) 디지털 의존성 지수 DDI (Digital Dependency Index)

우리는 점점 더 디지털화되는 세상에 살고 있다. 당신은 디지털 기기에 얼마나 의존하고 있는가? 다음의 문항에 응답해보자. 매우 놀라운 것을 발견하게 될 것이다. 당신이 고른 번호의 숫자를 합한 것이 당신의 디지털 의존 점수이다.

- **만약 싱글이 된다면, 당신은 어떻게 다른 이성을 만날 것입니까?**

  1. 박물관 선물 코너 혹은 사회 모임에서 대화를 나누기 시작하면서
  2. 신문의 데이트 광고를 보고 연락하여
  3. 온라인 데이트 서비스를 이용하여
  4. 지역에 기반 한 데이트 앱, 혹은 사회 모임 찾기 앱을 이용하여

• **당신은 동네의 잘 모르는 곳을 어떻게 찾아 갑니까?**

1. 이성친구의 틀림없는 방향 감각에 의지하여
2. 종이 지도를 찾아서
3. 자동차의 GPS 시스템을 이용하여.
4. 스마트폰의 지도 앱을 이용하여

• **당신이 친구나 친척과 개인적인 소식들을 주고받는 방법 중 가장 선호하는 것은 무엇입니까?**

1. 차 한 잔 혹은 술 한 잔을 앞에 두고, 만나서 대화하기
2. 편지 쓰기
3. 전화 걸기
4. 140자 이내의 텍스트(문자)를 쓰거나 인스타그램에 포스팅 하기

• **당신은 신체 단련 수준을 어떻게 유지하거나 확인합니까?**

1. 작년에 입었던 스키니 바지를 올해 다시 입어보는 것으로
2. 욕실 체중계를 확인하는 것으로
3. 지금까지 몇 걸음을 걸었는지 알려주는 기기의 기능을 이용해서
4. 스마트 워치의 명령에 따라 매시간 자리에서 일어서는 것으로

• **결혼을 해서 단란한 가정을 꾸리고 있는 중에 화재가 일어났습니다. 당신은 다음 중 어떤 순서대로 손을 뻗겠습니까?**

1. 아이, 배우자, 애완동물, 스마트폰
2. 아이, 배우자, 스마트폰, 애완동물
3. 아이, 스마트폰, 배우자, 애완동물
4. 스마트폰, 아이, 배우자, 애완동물

결과

4~8점 (비의존자)

당신은 어쨌거나 디지털 시대의 장신구에서 비켜서는 데 성공했다. 이 인상적인 위업은 (의심할 여지없이) 성실하고 의식적인 노력을 통해 이룬 것이다. 다만 친구와 가족들은 당황스러워하거나 아마도 당신과 소원해졌을지도 모른다. 그들은 당신의 등 뒤에서 당신을 '구닥다리'라고 부를지도 모른다.

8~12점 (약한 의존)

당신은 현대 사회를 완전히 부인하지는 않는다. 아마도 생활 속 기술이 주는 안락함을 알고 있을 것이다. 그러나 가끔 (의도치 않게) 사회 모임에 제외되고 일상의 대화나 행동에서 혼란스러움을 느낄 것이다.

12~16점 (경계선 의존)

디지털 기술은 당신 삶에 중요한 역할을 하고 있다. 그러나 당신은 학교에서 너무 자주 기기를 들여다보고 있고, 그 기기가 장기간 방전되면 스트레스를 받을 것이다. 지금의 상태에서 '완전 의존' 상태로 들어가는 시기는 당신 예상보다 더 빠를 것이다.

16~20점 (완전 의존)

당신은 디지털 중독자다. 당신의 관점에서는 디지털 세상이 이미 물리적 세상을 대체하였을지 모른다. 당신이 만약 결혼을 했다면 배우자가 여전히 함께 잘 살고 있는지, 그리고 친구들이 실존 인물인지 확인해보는 것이 좋겠다. 기기를 끄고 공원에서 긴 산책을 해보기를 조언한다.

참고문헌

김은주(2008). 한국 대학생 진로준비유형검사의 개발. 미간행 박사학위논문. 서울여자대학교 대학원.

김현진(2015). 대학생의 자아정체감과 K-HTP 그림검사와의 관계. 미간행 석사학위논문. 대전대학교 보건의료대학원.

류한평(2007). 류한평 박사의 성격개조(심리진단 자기조절법). 서울: 갑진.

리지연, 현채승(2017). 사이코북(고전에서 현대까지 심리검사의 모든 것). 서울: 파라북스

박아청(1997). 한국형 자아 정체감 검사의 타당도 연구. 한국교육심리연구, 10(3), 67-83.

임신영(2016). 자기성장을 위한 심리검사. 서울: 지식과감성.

조혜진(2012). 문화예술교육 성인학습자의 감성지능이 자기효능감에 미치는 영향. 미간행 석사학위논문. 동의대학교 대학원.

[엄마치유연구소 심리상담센터] https://psychologistmom.modoo.at

Memo

Memo

Memo

집필진

—

황규자
한양대학교 예술·체육대학 무용학과 교수

김경영
중국 University of Sanya 안무과 교수

김수경
한양대학교 예술·체육대학 무용학과 겸임교수

이로사
한양대학교 예술·체육대학 무용학과 겸임교수

장지은
한양대학교 예술·체육대학 무용학과 겸임교수

정다진
한양대학교 예술·체육대학 무용학과 겸임교수

조준희
한양대학교 예술·체육대학 무용학과 겸임교수

홍나리
한양대학교 예술·체육대학 무용학과 겸임교수

지친
무용수를
일으켜주는
무용 심리학

—

펴낸날 2020년 3월 25일 초판 1쇄 · 2020년 10월 30일 초판 2쇄
지은이 황규자·김경영·김수경·이로사·장지은·정다진·조준희·홍나리
펴낸이 김우승 · **펴낸곳** 한양대학교출판부 · **출판등록** 제4-7호(1972.2.29)
주소 서울 성동구 왕십리로 222 · **전화** 02.2220.1432-4 · **팩스** 02.2220.1435
홈페이지 press.hanyang.ac.kr · **이메일** presshy@hanyang.ac.kr
디자인 안광일 · **인쇄** 네오프린텍

값 **15,000**원

ISBN 978.89.7218.665.6 (93680)